我和
媽媽疏離中

互相依戀卻感到窒息，
剖析母女間矛盾與疙瘩的心理學講堂

나는 엄마와 거리를 두는 중입니다

孫廷沇 著　劉玉玲 譯

CONTENTS

第2章

結婚生子後，母女間的衝突會消失嗎？

第3章

當媽媽留在黑暗的記憶深處時

第4章

看著媽媽日漸遠去的背影

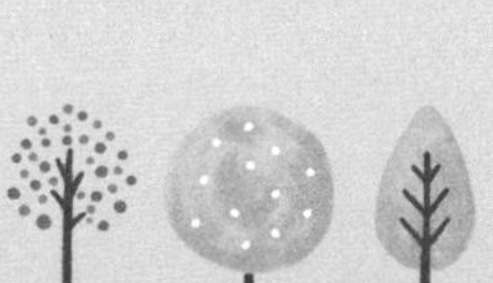

作者序

喚醒媽媽與我之間的「情感」

我曾經想過，如果有一天能夠成為作家，一定要寫與媽媽有關的主題。雖然也想寫出充滿戲劇張力的小說，但我的文筆還有很大的進步空間，所以我決定發揮我的專業，在「母女情感」這個絕對不容忽視的議題上，寫下能夠帶來啟發的故事。

中學畢業後，我和媽媽分開居住，開啟了從鄉村到周邊城市的求學之旅，所以在青少年與成年時期，我都沒有和媽媽同住。成年後，經過了一段時間，才再度與媽媽一同生活，而現在距離那時已經過了六年。我想用母女關係的視角，重新梳理媽媽、我、我的女兒，三個世代的女性住在同一個屋簷下所經歷的各種情感，以及在這些情感作用下發生的日常瑣事。不會偏頗地只為女兒辯護，也不單方面地只同理媽媽的處境，而是透過文字同時陳述雙方的立場。

「媽媽」是很多人在出生後說的第一句話，顯得更加意義非凡，對於在人生中扮演相同性別角色的女兒來說更是如此。我在授課或諮商過程中，曾聽過許多充滿悲傷、憤怒以及遺憾的故事，總是與母親有關。甚至，有些人內心對於媽媽的埋怨，即使在媽媽過世之後，依然緊緊地束縛著自己。我想幫助世界上的媽媽與女兒，讓她們不再對相似的彼此感到不滿，學會互相感激，看見對方毫無保留、最真實的樣貌。

我挑選了幾部曾為我帶來靈感與慰藉的電影作品，作為每個章節的開場。這些展現母女間情感議題的電影與戲劇中，總是能夠把我們在日常生活中，隱藏和累積的那些帶有情感的話語，毫不掩飾地表達出來。

我希望能藉此發覺我和媽媽一直以來被遺忘，或者故意視而不見的一面。寫書期間，我採訪不同世代的人，並將她們轉述的故事內容稍作修改。另外，我也在心理諮商的基礎上，努力嘗試用更簡單明瞭的方式，解釋那些我們常常因為不曾理解、不熟悉而忽略的內心情感。希望對於關係的建立與修復感到苦惱、徬徨的媽媽與女兒們來說，這本書能夠成為燈塔一般的存在，即使遙遠，仍然在黑暗中透出一道光。

媽媽與女兒之間的故事說也說不完，書中的故事也無法代表所有的媽媽與女兒立場，或許也因為這樣，我們才多了一份從容，能夠培養同理心，在母女關係上學會接納與忍耐。

我們經常需要保持理性，不論是工作的時候，或是維持人際關係時，甚至散步、吃飯時也不例外。理性對於我們而言，往往因為太過熟悉而顯得無所不在，但不知道從什麼時候開始，感性反而不再受到重視，我們似乎習慣用理性大於感性的方式過日子，我覺得十分可惜。我想喚醒沉睡在日常生活中各個角落的感性，像是抬頭仰望天空、環顧周遭環境，或者閉上眼睛專心地感受傳入耳朵的聲音等。身體的感知能夠最先喚起內在的感性，就像在溫暖陽光的擁抱下，能夠卸下一身的疲憊。

清晨滴答的雨聲帶走昨晚讓人徹夜輾轉難眠的煩惱，不知名的蟲兒發出的唧唧聲和清脆的鳥鳴，像在預告著一整天的安穩平和，這些是用冷澈睿智的理性無法領悟的道理，唯有在柔韌的感性世界中才能被全數接納，所以我們才需要在「維持理智」與「察覺感性」之間取得平衡。

希望這本書能成為一份禮物，為您在疲憊不堪的日子裡，洗滌掉那些積累、沉寂已久的心靈，並帶來新的刺激。也希望在人生有限的時間裡，您能夠與自己的媽媽、女兒一起分享這本書。

二〇一七年初秋，孫延沇

第1章

無法和媽媽拉近距離的原因

電影序幕

一點一點慢慢成為大人

——引用自電影《無人的女兒海媛》

電影《無人的女兒海媛》女主角海媛，是個即使遭遇困難，也會故作堅強、堅持到底的人。她長得相當漂亮，不論是誰，在看見海媛的第一眼，都會誇讚她的美貌，雖然她自己不這麼認為。她總是無法輕易敞開心房，對別人說出「我好累」，因為只要一想到對方可能會為了自己的煩惱而煩惱，就不忍心開口訴苦。看電影的同時，我十分心疼海媛，或許是讓我不自覺地想起二十歲的自己。

電影的劇情描述著，冬季即將邁入尾聲，空氣中依舊透著一股寒氣，離婚後打算移民到加拿大的媽媽和獨自留在韓國的海媛，相約在首爾的某個社區巷子口。吃飯時，媽媽說著對於移民生活的想像，滿心期盼加拿大會是個好地方，臉上宛如少女般，浮現淡淡的微笑。接著她又說，到了加拿大之後，要隨心所欲地照自己的方式生活，雀躍的神色和嗓音，完美傳達了即將在陌生的他鄉，展開第二人生的期待。

難道是因為媽媽那張充滿期盼的臉孔嗎？比起母女分離時應該要有的難過與思念，海媛覺得自己像在與即將前往海外旅行或留學的朋友告別，更多的是為對方加油打氣的喜悅。媽媽告訴海媛，人活著就是在逐漸地死去，一天一天慢慢走向死亡，同時提醒她要珍惜當下的每一刻，去完成心中想做的事。那次也是母女倆在離別之前，最後一次的聊天吃飯，兩人下次見面不知道會是什麼時候，說不定永遠也無法再見面，但海媛與媽媽卻依然像往日一樣吃飯、散步，度過了平凡的一天，當海媛突然意識到即將與媽媽離別時，她沒來由地向母親說著，自己似乎是一個非常堅強的人。

為什麼母女兩人最後說出口的會是這些話呢？這不是海媛原本打算說的話，也不是她當下應該說的話。

媽，你不能留下來嗎？你走了之後，我大概會非常想念你吧！一想到你不在身邊，只有我一個人，我覺得太孤單、太可怕了。

這才是海媛心裡想說的話，但是在最後的關鍵時刻，她並沒有說出口，只是說著自己非常堅強、非常勇敢，諸如此類像是自白，又不是自白的話，並叮囑媽媽要注意健康。就這樣，海媛沒有表達出自己真實的心情。和媽媽離別了，在那之後，她的內心無比空虛，藉著和無法相愛的男子維持戀愛關係，來填補心中的空洞，即使這是一段不正當的關係，但海媛仍然無法下定決心結束戀情。

我對電影裡的其中一幕印象非常深刻。那是一家舊村子口的小書店，街道旁擺滿了二手書籍，年輕的男老闆告訴一旁正仔細翻看書的海媛說：「書本沒有固定的價格，想花多少錢買都可以，不付錢也沒關係。」海媛一臉難為情地反問老闆：「這樣一來，內心的想法不就被看穿了嗎？怎麼能這樣做生意呢？」最後，海媛一本書也沒買，離開了書店。然而，到了電影的中段，同樣的場景再度出現。這一次，造訪書店的客人告訴海媛：「只要付出想付的價格，就能把書買走，如果看見喜歡的書，直接帶走也無所謂。」這時海媛同樣回答：「這種過於暴露內心想法的行為，無法安心地付錢。」然而，客人卻對著海媛說了一句：「那麼，妳就給出讓人無法看清妳真實想法的金額吧！」

有些人害怕對別人敞開心扉，可能是因為顧忌他人的目光，又或者，在遵守那些心中認定的規則時，過度強調「應該」的必要性。因為根深蒂固的想法告訴我們，展現自己真實的樣貌，可能會被對方拒絕或受到別人負面評價，這也說明了，**我們在面對真實的自我時，往往缺乏自信**。人的內心可以區分成從外表能夠觀察到的表面的我，稱為「人格面具」[1]；以及無法從外表觀察，屬於無意識層面的「陰影」[2]。

海媛的人格面具，也就是「扮演某個角色的自己」，讓她成為一個勇敢、堅強，有時甚至有些冷酷的人。然而，海媛的陰影，也就是「無意識狀態的自己」卻無比脆弱，經常感到寂寞與恐懼。海媛表現在他人面前的人格面具，以及只有自己知道的陰影，兩者之間巨大的差距，就是讓她時不時感到空虛、失落的主要原因。

不論是自己的媽媽，或是深愛的男人，海媛都想將他們留在身邊，但她總是認為抱持這種想法的自己，是個完全不考慮他人處境的自私鬼，更擔心這樣的心思會被他

1 人格面具（persona）原指為古希臘演員演戲時所戴的面具，最早由心理學卡爾・榮格提出。榮格將人格比喻為面具，指人在生長過程中為了隱藏真實自我，以及讓他人留下印象而發展出的適應方法。
2 心理陰影（shadow）由心理學卡爾・榮格提出，是指個體內心深處所隱藏，或是無意識下所顯現的負面人格，是個體不願成為與接納的內在另一個我。

人揭穿。所以，她允許身邊的每一個人離開自己，甚至還不忘表現出堅強勇敢，能夠承受一切的模樣。

有多少人能真實地面對自己的情感呢？偶爾感受到挫敗、憤怒、厭惡、羞恥時，為了隱藏這些情緒，我們總是會裝作若無其事，表現出一副「我沒關係」的樣子。特別是，當必須向家人隱藏自己的情緒時，我們更是會向自己灌輸這麼做的正當性。

所謂成為大人，並不只是單純地指年齡到達二十歲，而是能夠更清楚地明白，真實的自己是什麼樣的人。當我們能夠毫無保留地接納自己的光明與黑暗面時，才能成為真正的大人，經歷屬於大人的成長痛。電影進入尾聲，海媛獨自一個人走在南漢山城，內心瞬間湧上一股寂寞與悲傷，她突然感到恐懼，說了這麼一段話。

可以偶爾覺得寂寞，
感到悲傷也無所謂，
害怕時緊緊閉上眼睛，就這麼被擁入懷中也沒關係。

只有承認自己的脆弱，才能請求別人的幫助，或者理直氣壯地提出要求。二十歲，並不會讓我們一瞬間變成大人，因為直到現在，我們都還在一點一點地慢慢成長。所以，不需要努力一下子變得堅強，也不需要瞬間長大，就這樣也沒關係。

01

我這麼說都是爲你好

父母的角色也有保存期限嗎？

好幾次，當講台下的聽眾是一群爸爸媽媽時，我的第一個提問總是：「父母的角色什麼時候才能結束呢？父母的角色也有保存期限嗎？」

台下的爸媽們回答：「到死才能結束。」

接著，我又問了：「父母的角色真的在死後就結束了嗎？我的父親在十二年前過世，但一直到現在，當我做任何重大決定時，仍然會想著：『如果是爸爸，他會怎麼做？』。那麼，再問一次，父母親的角色什麼時候才能結束呢？」

直到那時才有一兩個人回答：「到死也

不能結束。」

沒錯！爸媽在過世之後依然是我們的爸媽。透過講課，我經常接觸到身分背景天差地遠的無數聽眾，有事業有成的執行長，也有與世隔絕的囚犯。從他們轉述的內容可以發現，不論當下對於自身處境感到滿足或者不滿足，其中必定與父母親有關。有些人告訴我，他們把自己的爸媽當成人生的楷模，多虧了父母的庇護，現在才能成為所謂的人生勝利組；也有人抱怨，如果當時自己的父母能盡到自身的責任，自己現在就不會這麼辛苦。

爸媽這個稱呼，果然在死後仍然會被下一代掛在嘴邊。但是這不代表在子女的成長過程中，每件事情都掌握在爸媽手裡、都必須由他們為孩子做決定。為人父母最為艱難，也極其重要的，莫過於在適當的時機以適當的方式讓子女離開自己，也就是心理層面上的分離與獨立。在韓國，一般而言將這個時期視為二十歲的成人期，然而近年來在學業與就業的考量下，隨著子女從學校畢業後，在經濟上取得獨立的時間點向後推延，心理上完成獨立的確切時間變得難以判斷。另外，這種所謂心理上的分離與突如其來的斷絕關係不同，必須在健全的相互依附關係之下，以安全、漸進的方式讓彼此獨立。

媽媽真的希望我過得幸福嗎？

「好不容易找到的工作，怎麼才一年就想辭職？辭職後也不能保證能馬上找到理想的工作，你這孩子還真是不懂社會的險惡，從小到大讓你吃好的、穿好的，我看你是覺得日子太好過了，一定要嚐到苦頭才會知道……。要是真的不想做這份工作，也可以一邊上班一邊念書，等錄取之後再換工作啊。」

這邊舉個例子，多絮堅持工作一定要擇其所愛，而認為女兒老是在人生大事上錯失良機的多絮媽媽，只不過說了再普通不過的一句「我這麼說都是為你好」，瞬間挑動了多絮的敏感神經，她扯開嗓子朝著媽媽大吼「夠了！別再說了！」最後，整起事件在多絮的怒吼下告一段落。

難道母親不能先站在女兒的立場設想嗎？「在做出決定前，她的內心該有多焦慮，經過了多少的苦惱與煎熬？」。就算不是身為人母，在當事人多絮早已備感恐懼不安的情況下，為什麼還要加以責備呢？如果可以，當然也想像多絮媽媽所說的，「找到下一份理想工作之後再提出離職」。

但現實生活會這麼美好嗎？除了天天加班，每個禮拜還有幾天得在凌晨出門上班，多絮的職場生活簡直就是戰場，別說是自我進修，連睡覺的時間都不夠。所以，當她告訴媽媽自己打算離職時，母親說的那些話，多絮聽起來充其量只是風涼話，既不能給予安慰也無法產生共鳴。多絮曾經認為媽媽是個最了解她的人，也是最能夠同理她的堅強後盾，然而媽媽不論是在未來的規劃，或是與異性的交往，每件事情都要加以干涉，讓她不禁懷疑「媽媽真的希望我過得幸福嗎？」

不論是大學時期，或是畢業後踏入職場，多絮都無法享有個人自由。她知道，雖然媽媽曾說過自己的人生自己做主，但這句話背後隱藏的涵義其實是「這不只是你一個人的人生，別想擅自做決定！」

「明明是我自己的未來，卻好像無法按照我的心意，隨心所欲地做決定。家人的視線老是集中在我身上，逼得我喘不過氣。做出決定後，一旦發現苗頭不對，果斷放棄後再重新挑戰，過程中花費的時間與心血都由我負責承擔，為什麼非得經過其他人的同意呢？明明說過一旦成年，就能擁有自由，但對於媽媽來說，在我能夠完全經濟獨立之前，永遠都還只是個小孩。」

「這段日子，辛苦你了。接下來會更好的！」多絮告訴我，這句話是她下定決心離職後，最想聽見的勉勵。不只是母親，家族裡其他成員投來的關注目光，反而讓她陷入孤立無援、不被認同的狀態，獨自被拋棄在孤島的那種不安與憂鬱，朝著多絮襲來。一年的工作經歷並不長，但多絮一畢業就馬上進入職場，即便薪水不高，卻也足以負擔弟弟妹妹的零用錢，偶爾還能請爸媽吃一頓大餐。每當此時，媽媽總會把「我們家女兒真孝順！」驕傲地掛在嘴邊。雖然不是畢業於名校，然而大學四年間，多絮每學期都領獎學金，甚至利用課餘時間兼差打工，賺取零用錢。

多絮無論做任何事都全力以赴，成年後也能為自己的人生負起責任，她所做的每件事都深得母親的信賴。不過，一旦提到就業和離職的問題，只要多絮反對母親的提議，想要按照自己的想法做決定時，就會遭到母親的否決，同時換來「做事情怎麼不先考慮清楚？」、「太不慎重了！」等等的批評。

大人也有分離焦慮症

為什麼多絮的媽媽無法接受多絮選擇的人生規劃呢？因為對於媽媽們而言，同樣存在著心理層面上的分離焦慮。我們經常認為分離焦慮只會發生在子女身上，事實上，我們必須要深刻地認知到，父母也會因為子女心理上的獨立感到不安與恐懼。

媽媽和女兒不能被視為一體，媽媽更不能要求女兒滿足自己尚未完成的夢想。儘管如此，對於全天下的母親而言，在將女兒視為獨立個體之前，深深烙印在腦中的，永遠是剛出生不久，需要在媽媽的呵護下才能遠離危險的小嬰兒。於是，當女兒開始獨立，能為自己作主時，媽媽仍會感到擔心與不安，並不斷地試圖干涉女兒的人生規劃。過了二十歲，女兒能夠靠自己的力量克服困難，這是一個能夠忍受各種困境的生理年齡，同時也是心理層面上能夠獨立、離開父母的時期。

倘若母親無法接受這個事實，母女關係就會像運動會的兩人三腳比賽一樣，其中一人跌倒，另一個人也會跟著倒下。為了不摔倒，就必須小心翼翼地緩慢向前走，同時還得跨大步伐快速跑動，這絕對不是件容易的事。因此，就如同緊緊纏繞的繩子必須找到繩結才能解開一樣，如果無法一次解開內心的疙瘩，不如放慢腳步，調整到合適的速度後再慢慢地解決問題。

當然，對於二十幾年以來，把彼此當成心靈支柱的兩個人而言，要在心理層面上完全脫離對方，一點也不容易，擔憂與不安更會時不時地滲入腦海中。這時為了讓彼此能順利獨立，學著接受那些必然會產生的輕微焦慮，或許也是另一種辦法。除此之外，還必須培養能夠填補內心不安的自我效能感[3]。「如果是你，一定能辦到！」、「多虧有你才能成功」、「有媽媽真好」、「我相信你」、「你已經做得很好了！」、「原來獨立的力量這麼強大！」等等，這些**自我激勵的話所培養出的「勇氣」與自我效能感，能在我們面臨困難時，提升解決問題的能力**。這樣一來，我們或許就能慢慢地鼓勵媽媽和女兒互相獨立，並為此做好準備。

3 自我效能（self-efficacy）：指個人在特定領域中是否能成功地執行或完成任務之能力的綜合性判斷與知覺，由於自我效能是一種個人能力的知覺評判，又可稱為自我效能知覺（perceived self-efficacy）。

心理學技巧——

管理焦慮情緒的方法

焦慮與不安是在面對生活中各種不確定性時，因為薄弱的自我認同而出現的反應。同時，在過去經歷孤單、疏離等情感經驗下，所發展出的不安全迴避型依附模式，也可能是產生焦慮的原因。

舉例來說，從小在父親對母親動輒打罵、暴力相向的家庭中成長的女兒，長大後容易害怕被拒絕或是擔心惹別人生氣，逐漸變成一個小心翼翼、經常緊張不安的人。也就是說，內心最深層的不安會進一步誘發其他焦慮產生，例如對於未來的負面揣測、無法控制不安情緒而拿他人出氣，以及對於他人的拒絕與批評過度敏感等等。

為了管理這樣的焦慮情緒，我們必須停止「我不夠好」、「我做不到」、「沒有人會在乎我」、「從來就沒有人愛我」等等，這些長時間的負面思考所帶來的自我否定。因為這些消極的自我評價，比起幫助我們肯定真實的自我，更像在要求自己成為一個虛偽、迎合他人眼光的人。

從現在開始，必須抱持著「雖然不能讓所有人滿意，但至少還有朋友真心喜歡我」、「別人應該能夠體諒我的心情」、「不完美又怎樣？對我來說有意義就行了！」的正面心態，肯定當下的自我，提升自信心。像這樣能夠理解、擁抱並善待自己，就說明了，當我們發揮能夠適應任何環境的潛能時，也充分地表現出真我。

同時我們也要記得，焦慮並不總是負面的，因為能敏銳地感知焦慮，就能為更妥善地規畫未來，採取適當的行動。

02 讓媽媽放心不下的成年女兒

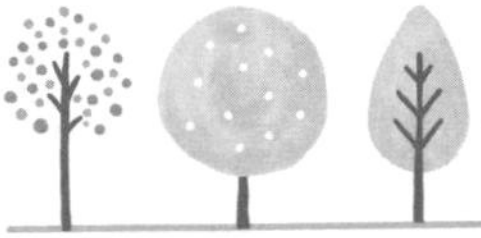

無時無刻陪伴在孩子身邊，或者僅在關鍵的時候伸出援手，哪一種才是愛呢？我們在生活中，或多或少會捐款給需要幫助的人，我也在幾年前開始用家人的名義，向某些機構進行小額捐款，那麼，這些捐款應該持續到什麼時候呢？大概要等到這些機構能夠獨立運作、不再需要支援的那一天吧？一九六九年，第一次出現「**直升機媽媽**」這個詞彙，用來指孩子長大成人後，仍然像直升機一樣在子女身邊打轉，不論是升學、就業，甚至終身大事，對孩子的一舉一動加以干涉、過度保護的媽媽。

有一次，我在為軍人們進行團體諮商時，部隊裡的訓練官告訴我，有位媽媽每週會固定到軍營進行會面，只為了幫當兵的兒子換洗襪子及內衣褲。這樣的母親難道只是少數嗎？到了開學季，替子女到處奔波辦理選課的母親，以及求職面試期間，擠在公司休息室裡，人數幾乎要和面試者一樣多的媽媽們，這些「直升機媽媽」的行徑，也經常成為新聞媒體大肆報導的對象。子女在媽媽的保護與監視下，失去了自己的人生掌控權；而直升機媽媽則因為無法承受子女的失敗，所以總是在孩子面對困難時挺身而出，並認為這是一種母愛的表現，但事實上這樣的行為卻是控制與干預。

發展心理學家赫威斯特（R.J.Havighurst）認為，**能夠成為一個獨立於父母或其他大人的個體，是人類在青少年時期必須要面對的課題**。

孩子需要的，是以信任為基礎的愛

以信任為基礎的愛，是在親子關係中能夠達成獨立的關鍵因素。所謂**信任，就是打從心底相信，並肯定子女所擁有的潛能，有助於子女完成獨立**；相反地，在不信任之下，出於愛的保護行為，則會阻礙孩子獨立。因為一旦孩子無法相信父母會用心照顧自己，最終只會變得更加依賴父母，既不能完成自己份內該做的事，也難以成為一個完整的個體。

每年暑假，我和先生會帶女兒到她平常喜歡的水上樂園玩水，就像大部分的小孩一樣，女兒在出發前就滿心期待，抵達目的地看見滑水道後，心情更是興奮。女兒雖然想和爸媽一同玩水，但對於旱鴨子的我來說，在水裡玩水，簡直和星期五晚上還在公司加班一樣吃力。最後，我決定泡在溫泉浴池，一邊等著女兒與先生。就這樣，先生與女兒玩遍了各式各樣的設施，度過了歡樂的時光後，朝我走來。

此時我突然對女兒感到有些愧疚，便也想陪她去玩水，我把先生的救身衣拿過來，套在自己身上，並拉著女兒的手進入小型的人工造浪池。但是小時候的溺水經驗，讓我對水有著深深的恐懼，更別說是游泳，女兒也深知這一點。或許因為這樣，女兒一邊游泳的同時，總是不停地看向我，確認我的狀態。

「媽媽，只要有穿救生衣就能浮起來，你看！」

女兒親自示範浮在水面上安全的模樣，並反覆地向我說明。那一瞬間，我突然覺得乖巧可愛的女兒就像我的靠山。她拉著我的手，緩緩地進到水中，過了好一陣子，我才意識到腳底怎麼也碰不到地板，剎那間，我失去重心，接著陷入無法言喻的恐懼，開始在水中拼命地掙扎。在這短短的幾秒裡，女兒想盡辦法安撫我的情緒。

「媽媽，沒事的！你還浮在水中，不要擔心！媽媽，不可以隨便亂動！」

那一瞬間，我突然了解到，我能依靠的只有眼前這個九歲的小女孩。我乖乖地跟著女兒的指令，拉著她的手，慢慢地脫離深水區，往岸邊移動。最後，當雙腳順利著地時，我才終於回過神來。

「荷允，媽媽的腳已經碰到地板了，媽媽沒事了！」

女兒聽了我的一番話之後，才告訴我當下她有多麼驚恐、多麼害怕。

「媽媽，妳剛才拼命地抓住我，我差點以為我要死掉了！」

女兒說話的神情既惹人憐愛，也讓我感到無比驕傲。她拉著我的手離開水面後，我在地板癱坐了好一會兒，大大地喘了幾口氣之後，才又站了起來。在撫養女兒的過程中，我從沒想過自己也能依賴這個年僅九歲的孩子。但是那次的經驗告訴我，**在生活當中，保護者的角色隨時都有可能改變**。

遇到了無法憑一己之力解決的問題時，我們需要仰賴他人的幫忙；而當我們不再需要幫助時，也就代表我們有信心能夠靠自己的力量，重新站起來。就像我透過捐款「支援」他人一樣，從援助停止的那一刻起，就意味著，過去接受他人幫忙的對象，即使沒有別人的幫助，也能夠獨當一面。

小時候，家裡的客廳牆面上，掛著一個需要發條才能運轉的老爺鐘。只要一上發條，時鐘就會發揮功用，讓時針、秒針跟著轉動。父母為孩子提供心靈上的安定感，成為子女探索世界時的安全堡壘[4]，同時也是引導者般的存在，然而，父母絕對無法代替子女走出屬於他們的道路。有時，我們也需要確認時鐘是否停止，並在必要時為它上緊發條，所以比起一直守在身邊，父母只需要在緊要關頭時出現，成為子女可靠的支柱就好了，而這同時也是媽媽必須向女兒展現的，以信任為基礎的愛。

在媽媽眼中，女兒就像被放在岸邊的小嬰兒一樣令人不安。但或許正好相反，也許又高又駭人的巨浪對女兒來說，就像一座樂園，能讓她盡情地玩耍歡笑。當自己的援助不再被子女需要時，媽媽們也不需要感到悲傷與失落，反而應該心存感謝與喜悅地鼓勵女兒，並以感激的心，放下女兒亟欲掙脫母親束縛的那雙手。**以愛為名的過度保護，到頭來也只是母親將自己的意願，加諸在女兒身上的控制行為而已。在他人的控制下成長，也就等同於失去了開拓人生的勇氣與潛力。**

真正的幫助，是不再幫忙對方時，對方也能生存下去。

---

4 根據美國心理學家瑪莉．安斯沃斯（Mary Dinsmore Ainsworth）的依附理論，安全感型依附的嬰孩與主要照顧者互動時，會產生強烈的安全與愛的感覺，並將照顧者視為安全堡壘（secure base）。

心理學技巧——

真正的愛不是無條件付出

美國精神科醫師史考特・派克（M.Scott Peck）在他的著作《少有人走的路》（*The Road Less Traveled*）中，對「愛」下了定義。他認為**「愛」是一種為了幫助他人與自我的心智更加成熟，不斷地拓展自我界限的意志**。我將此處的「界限」解讀為「有助於自我與他人成長的正面影響力」。史考特・派克也提到，愛並不是無條件的付出，而是在一番深思熟慮之後給予對方讚揚，以及打從心底希望對方成長而提出批評。總而言之，愛不只是說好聽話、做讓對方高興的事，而是能夠充滿智慧地面對面討論。因為教導是親子關係中不可或缺的一環，不該無條件地過度保護子女，反而應該以明理的方式教育他們，以這樣的方式幫助孩子成長，才是真正的愛。

同時，史考特・派克也進一步說明，「愛」不是指「想要去愛的慾望」，而必須用行動來證明。也就是說，愛是意志所產生的行為。藏在內心的加油打氣，以及想要給予幫助的心意充其量只是憐憫，是不完整的愛；所謂完整的愛，是將正面影響力付諸行動，無論如何也要實踐內心的意志。因此，我們需要投入更多的時間，訓練自己能更加成熟地去愛人。

鍛鍊心智的祕訣——

以「我訊息」代替「你訊息」

成為大人，也就代表個體的身心靈能夠在依賴父母與獨立自主之間，找到最佳的平衡點。幼兒時期，照護是母女關係中最重要的一環，但對於二十多歲未婚的女兒與邁入中年的母親而言，此時在關係中更強調「獨立」與「自律」。

當母女的情感關係越是親密，在關係中形成的理解與共情能力，越能為心靈的調節與適應，以及個人的行為感知，產生正向的作用。另外，在母女關係中，成熟的情感處理方式同樣不可或缺，雙方必須以合適的方法表達感受，而非一味掩飾或是用極端的手段宣洩情緒。舉例而言，**考量對方的感受而不坦白說出內心話**，**只是一種情感壓抑**，這樣彼此的矛盾依然存在，但心裡反而會產生事情早已解決的錯覺。

從子女的角度來看，對父母的批評、責怪、不滿以及怨言等等，即使不表現出來，光是在心中浮現這些想法，就會充滿罪惡感。因此，在感知到情緒之前，總是先壓抑自己的情感，而這些**未能抒發的情緒，在日後往往會衍生出拒絕與父母溝通、不回應父母要求等等的被動攻擊型行為**。因此我們必須在相互理解的基礎上，敏銳地回應對方的情感需求，透過這樣的雙向互動幫助彼此成長，達成理想的母女關係。

「我們」兩字所隱含的，對於同質性的強烈追求，讓母女心理層面上獨立的界線變得模糊，同時，這也說明了根植在人們心中，渴望融入家庭與社會並得到接納的集體主義文化。因此為了釋放壓抑的內心並正確傳遞自己的想法，我在此推薦一個大家熟知的溝通技巧——〈**我訊息**〉[5]。一般而言，在所謂「談話」的語言學溝通方式中，我們會盡量避免情緒帶來負面影響，在這樣的原則之下，可以試著以〈我訊息〉取代〈你訊息〉，**明確地表達對方的行為讓自己產生何種情感，減少批評與抱怨**。

舉例來說，當我將對方令我感到不滿的行為告訴母親時，媽媽回答：「你到底在想什麼？怎麼這麼不小心！」這時，我必須根據對方的行為所帶來的結果，提出我的感受，像是「媽媽，你不了解事情的經過就責怪我，我真的很難過，也對媽媽感到很失望」這一類的話。最後，再說明事件對自己產生的影響。

「我也不想讓這樣的事情發生，我好像什麼事都做不好，可能永遠也找不到工作，只能一直原地踏步，一想到這裡，我就覺得非常不安，念書也沒辦法專心。」

對話進行到這裡，如果談話的對象能夠理解我所傳遞的訊息與談話的重點，甚至將心比心地同理我的處境，那將會是非常成功的溝通過程！其實，大多數的人經常認為，爭執與衝突會讓關係變得岌岌可危，而選擇逃避問題，但事實往往並非如此。我們需要銘記在心的是，**比起傷害兩人的情感，衝突與矛盾反而才能讓關係更加緊密，也因為這樣，我們才能更有勇氣地表達自我。**

5 「我訊息」（I message）是心理學家湯瑪士．戈登（Thomas Gordon）所提倡的溝通技巧，是指在溝通的過程中，以「我」本身的感受為中心，說出自己的情緒、感覺與需求。

03 媽媽眼中的我，我眼中的媽媽

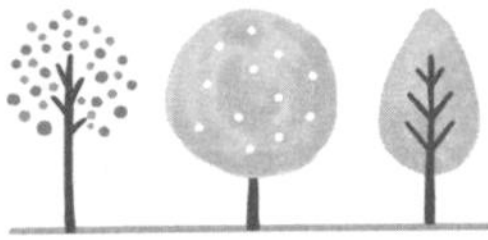

你如何看待自己與媽媽（或者女兒）之間的關係呢？以愛、友情、溫暖、熱情來形容比較貼切，或者充滿冷淡、漠視、恐懼與埋怨呢？根據學者巴奈德（Barnett）與巴魯克（Baruch）的研究，女性對於母女關係越是抱持著正向態度，在面對人生時越容易產生愉悅感、優越感及自我價值感。特別是，**當女兒認為自己與母親的關係越是良好，越容易培養高自尊感，對於自身所扮演的角色，滿足度也會越高**。

這恰好反映出與男性截然不同、女性獨有的心理特性。一般而言，雖然在人類的發育過程中，擁有「獨立意識」及「自主性」一是成人期最重要的課題，但事實上，這是以男性中心主義為出發點所發展出的理論；從女性的心理層面來看，比起個體間的分離與獨立，女性更追求在關係裡的獨立自主，這種關係取向的特性對於女性而言更為重要，同時這種女性比男性高的關係連結性，也會影響個體對於自尊感的認知。高自尊族群在自我實現與愛，以及個人經歷上，往往能抱持開放的心態。某方面而言，自尊感是我們生存動機中最基本的要素，因此格外重要。

學者艾維爾・索恩（Avril Thorne）與奎拉・米夏耶（Qhyrrae Michaelieu）以青少年期到成人初期為研究範圍，以八十四名受試者為研究對象，進行縱貫研究，分析二十三歲受試者腦中的重要記憶，與受試者十四歲、十八歲、二十三歲時的自尊感之間的相關性。結果顯示，**女性在青少年期表現出高自尊感，往往和幫助朋友、解讀他人情感並給予回應等記憶之間，具有高度相關性**；然而，男性則大多和以自我為中心、能夠代表自己的記憶相關。從這一類的研究可以得知，因為這種心理上追求關係建立的特性，使女性總是以他人為中心，**藉由察覺他人情緒後所給予的情感支援，以及彼此間的雙向互動，來確立自我價值感**。特別是在與媽媽持續的溝通過程中，女兒是否能夠充分地表現同理心，也會決定與他人建立關係的能力，因此母女關係中最重要的，是持續地關心彼此、展現友好，同理對方並給予回應。

藉由母女雙方互動，確立自我價值感

即將大學畢業的叡恩，目前和媽媽一起工作，在媽媽手把手的帶領之下，積極地學習公司的各項事務。叡恩的媽媽是顧問公司的執行長，為各大企業擬定內部培訓課程與經營診斷評估。在叡恩的印象中，媽媽是個總穿著輕便休閒褲，能輕輕鬆鬆在一天內醃漬好三種泡菜的大房長媳，一個再平凡不過的家庭主婦。她告訴我，最近和媽媽一起工作之後才發現，媽媽工作時的模樣，完全超乎她的想像。媽媽不僅會以強而有力的口吻對職員下達工作命令，偶爾在開會過程中，也會開開玩笑，試著帶動會議的氣氛，媽媽的模樣讓她想起之前看過的電影《穿著Prada的惡魔》裡的梅莉・史翠普。

那時候的媽媽，就是叡恩所嚮往的理想職業婦女的模樣。叡恩覺得媽媽非常了不起，她難掩內心的激動，一邊說著自己非常尊敬媽媽。此時叡恩的態度就是剛才所提到的，在母女關係中持續地關心彼此、表現友好，同理對方並給予回應。

這麼說來，我似乎也有類似的經驗。去年冬天，我的第三本著作剛出版，當時經常受邀至廣播電台擔任來賓。有一天，女兒盯著奶奶的手機畫面看得入神，我問她在看什麼，她的回答頓時讓我有些錯愕。大概是打開手機的網路，在關鍵字搜尋欄輸入了「孫廷沇」三個字吧，女兒似乎認為自己的媽媽和電視上的那些明星一樣有名。雖然不至於出現在熱門新聞上，但在網路上輸入我的名字，大概還是會出現各式各樣的搜尋結果，即便如此，我也必須若無其事地掩飾內心的慌張。另一方面又覺得，因為沒能和明星同樣有名而感到過意不去的自己十分可笑。我開玩笑地對著每次只要搜尋媽媽的名字，就會不自覺漲紅小臉的女兒說：「媽媽會更努力，變得像IU一樣有名。再等媽媽一下下！」

女兒越是認為媽媽有能力，越是容易認知到自己是個有能力的人。當媽媽是職業婦女，女兒總是會認為：「媽媽到底在做什麼工作？為什麼總是丟下我一個人？」相反地，當媽媽是家庭主婦時，女兒們也會認為只做家事的媽媽非常無能，甚至對於母親的樣貌所反映的女性形象，產生負面的想法。從某方面來看，敘恩與媽媽之間可以說是具備了健全的互動關係。

敘恩也告訴我：「小時候，媽媽因為工作的關係，不像其他同學的媽媽能經常出席學校的活動，那時的我非常討厭那樣的媽媽，也覺得非常傷心。但奇怪的是，只要媽媽有機會到學校來，我就會感到無比驕傲。媽媽總是盛裝打扮、穿戴整齊，端莊大方的樣子，對小時候的我來說非常美麗。也是在那個時候，我體會到了媽媽的用心，媽媽就算遲到，也會盡可能地出席每一次的活動，雖然好幾次到了活動尾聲媽媽才出現，但她總是會向我道歉，在活動結束後帶我去吃小吃，一邊看著同學的媽媽為我拍的成果發表影片。不論面對任何狀況，媽媽似乎總是能全力以赴，在媽媽的工作上，我的意見並沒有太大的幫助，但是媽媽總會以『你是我們之中最年輕、最能代表顧客立場的人，說說你的看法吧！』的方式詢問我的意見，並盡力給予回應。我最近總是想著，希望能像媽媽一樣成為職業婦女。」

或許因為這樣，小時候的叡恩總覺得「工作」綁架了媽媽，也對此十分厭惡，然而和媽媽一起上班，間接接觸到媽媽的工作後才發現，這是一件能帶來樂趣，同時又能幫助他人，特別具有意義的事。像這樣的表徵，是能夠讓叡恩對於母親抱持正向認知的重要因素。

叡恩覺得現在和媽媽的關係就像朋友一樣，這正是叡恩與媽媽之間，不斷累積的互惠性所帶來的結果。具體來說，互惠性指的是在母親的愛與照顧下，子女產生相對的回應，即相互依賴，以及個人在察覺他人的情感需求後，給予的共情、照護、信賴等。另外，與兒子不同，由於母女間作為女人的同質性，媽媽比起將女兒視為獨立於自己的個體，更傾向於將女兒看作自己的延續，甚至一直維持這樣的感情紐帶。

實際上，根據客體關係理論[6]，人類發展至成熟的階段，可以視為從絕對依賴發展到成熟型依賴的過程。給予擁抱、撫慰、鼓勵、信任等關係取向的表現，能為個人的自尊感、成就感以及自主性帶來正面的影響。也就是說，與他人的相互關係是測量成熟度的基準。相對於男性，重視關係取向的女性，反而能在彼此擁有互補性、相互支援的情況下，發揮女性特有的凝聚力，這不但不會阻礙女性獨立與個別化，反而能讓女性擺脫依賴、提升自尊感。因此，強迫分離並不是培養孩子獨立意識與自尊感的唯一方式，更重要的是，在正向的母女關係中，透過感情紐帶的維持，盡可能地讓子女提升自尊感。

我們不妨透過這次的機會，好好檢視自己與媽媽（或女兒）之間的關係。假如是正向的關係，我們為此感到慶幸；相反的，當對於母女關係充滿負面認知時，應該試著創造新的表徵。身為一名職業婦女，向女兒表達自己的歉意與不足之處的同時，像

6 客體關係理論（Object-Relations Theory）主張人類的行為的原動力在於「尋求建立關係」，並認為早期與重要他人形成的依附關係，是未來與他人建立人際關係的基礎。

叡恩媽媽一樣，將自己工作的模樣直接展現在女兒面前，也是不錯的方式。倘若在母女關係中確實存在負面的表徵，我們也應該藉此機會好好修復，嘗試為關係重新建立正面的認知。

母女關係中最重要的，是持續地關心彼此、表現友好，同理對方並給予回應。

心理學技巧——

認識「自體表徵」VS「客體表徵」

客體關係[7]是由和認知自我相關的「自體表徵」（Self-representation），以及認知他人相關的「客體表徵」（Object-representation），加上自體與客體互動下的情感經驗所構成。所謂的表徵是指，**個體與他人建立關係時，對於感受到的情緒，根據個人的主觀意識與經驗，所產生的精神意象**。尤其，作為主要養育者的媽媽，其教養小孩的態度，會對幼兒帶來正面或負面的經驗，

7 美國心理分析師奧托．康伯格（otto kernberg）認為自體與客體兩者之間，會以客體關係存在。客體關係包含自體表徵、客體表徵，以及自體與客體互動下所產生的情感經驗。其中，自體表徵（Self-representation）是指個人內心對於自我的心理印象；客體表徵（Object-representation）則是指個人對於他人的心理印象。

而被孩子視為常態的教育態度，將會內化成為其人格的一部分，使子女產生正面或負面的自體與客體表徵。這種內化的表徵並不是單純地指思維方式，而是作為認知與情緒的複合體，主導我們的思考、感受與行為，簡單而言，就是一種在個人的待人處事上，評價、理解彼此的態度與基準。

舉例來說，假設職場媽媽在女兒的成長期間，只提供生活上的物質條件，而不回應女兒的情感需求，又或者，媽媽沒有職場以外的人際交流，總是將「不需要花時間建立不必要的人際關係」掛在嘴邊，女兒可能會對關係的建立和維持不感興趣，熱衷於追求流於表面的人際往來。

總而言之，為了能與他人建立良好的關係，在童年時期孩子就必須擁有在父母身上得到**正向評價與回饋的情感經驗**，而這樣的情感建立，也會影響子女是否能用正面的心態看待自尊感與自我價值。

04 母女也能成爲知心好友嗎？

一九八〇年代的韓國非常流行一句話：「養出一個好女兒，勝過生十個兒子。」在傳統的重男輕女觀念下，像這樣鼓勵父母不分性別，減少生育的口號，在當時相當具有啟發性。如同社會對於女兒逐漸改觀，母親的形象也產生轉變，如今已經不再只是要求母親犧牲奉獻，以他人為中心地活著。女兒剛成年，現在正值四、五十歲的媽媽們，也經常用「我和女兒就像朋友一樣」來介紹母女關係，希望成為女兒最可靠的人生導師。

秀美在二十六歲時生下女兒，看著最近剛滿二十二歲的女兒，她頓時覺得自己真的老了。作為一名快要五十歲的職業婦女，她總說自己和女兒是亦師亦友的母女關係。就像秀美的媽媽對待她一樣，秀美也想成為像朋友一樣能夠無時無刻支持女兒，並以過來人的身分引領女兒走上人生的道路，如同導師一般的媽媽。

在秀美剛懷上女兒、還沒發現自己懷孕時，有次在滑雪的過程中不慎跌了一跤，甚至在雪地上翻滾了好幾圈，所幸女兒最後依然平安無恙地出生，秀美不禁心想：「天啊！這孩子大概遺傳了我的堅強獨立吧！」女兒剛出生時，秀美還非常年輕，是個對育兒一竅不通的新手媽媽。她畢業於韓國的名校，進入了韓國最令人嚮往的大企業工作，如果以學業和工作來看的話，秀美認為自己一定是人生勝利組，然而在育兒方面，她絕對算不上高材生，這可能也是唯一一件令她感到挫敗的事。在歷經育兒路上種種磨難時，秀美總是心想：「如果是媽媽的話，她會怎麼做呢？」，想要藉此從母親身上獲得一些暗示。

「外婆在外公過世之後改嫁，所以媽媽從小就寄住在大戶人家裡，原以為媽媽只要結婚，就能過得幸福，但我的父親卻是個對婚姻不忠的人。媽媽到了五十多歲還在工作，堅強地生活著。對於我們三兄妹而言，母親雖然不是那種能在情感上與子女共情、充滿慈愛的媽媽，但她總是用『你做得到』、

『你試試看吧』的方式鼓勵我們，給予我們激勵與勇氣，讓我們能放膽挑戰新的事物。還記得小學的時候，有次學校舉辦小小記者徵選會，通常只有家境優渥的小朋友才能入選。我們家既不富裕，父母也不是名人，然而，某天媽媽卻買了一套紅色的保暖衣服，衝到學校的校長室，拿出準備好的禮物，拜託校長能讓自己的女兒成為小小記者。

雖然家境並不富有，但母親一直是個精明幹練的人，絕不會在他人面前表現得畏畏縮縮。當然，我也從來沒有見過母親怨天尤人、半途而廢，甚至是露出疲憊的神色。然而母親堅強的表面下，也有魯莽冒失的一面，這點倒是和我非常相像。我對於現在的自己非常滿意，所以也希望能將這份獨立自主傳給女兒，就像從前母親養育我那樣，努力地讓女兒學會獨立。」

秀美在女兒小學四年級的時候，試著讓女兒在自家經營的冰淇淋店裡幫忙結帳，藉此累積打工經驗。秀美在童年時期，最討厭的一句話就是「不准…」，雖然想穿白色的運動鞋，但大人們總以白色運動鞋容易弄髒為由，在試穿之前百般地要求她打消念頭。因此，比起告訴女兒「不准…」，秀美更常對女兒說：「試試看！」鼓勵她做出嘗試，並告訴女兒即使遇到困難，她也會在一旁陪伴，讓女兒能夠學會自己解決問題。秀美告訴我，她希望挑戰別人不願意去做的事，盡情地體驗人生，她也希望能夠教導女兒這樣的人生道理。

媽媽最希望從女兒口中聽到的其中一句話，就是自己是個如同朋友般的媽媽。朋友，在辭典裡的意思，是指長時間密切往來的人，是能夠互相傾訴心裡話的親密關係。世界上還有比「媽媽與女兒」更要好的朋友嗎？儘管如此，仍然有許多人認為媽媽與女兒成為知己，並不是件容易的事。或許是因為，媽媽們總是希望女兒能替自己實現人生中錯過與未完成的心願；但對於女兒而言，媽媽的期待與要求往往變成沉重、奮力想掙脫的枷鎖，讓人動彈不得。我們經常會向朋友傾訴心事或煩惱，朋友總是會提供支持與陪伴。

「累了就停下吧！不管怎麼說，你的感受最重要！」

「別管其他人怎麼說，這是你的人生，做出能讓你幸福的抉擇吧！」

然而，一旦將同樣的煩惱告訴母親，母親只會擅自做決定，要求自己的女兒選擇受到社會大眾認可的人生道路。深刻認知到這一點的女兒，開始不願與媽媽分享心事，久而久之，媽媽與女兒儘管擁有長時間的緊密連結，也無法成為朋友。

媽媽可以成為女兒最可靠的諮商師

個人中心治療（person-centered therapy）是一種重視自我實現的可能性與潛力，以人本主義為核心的諮商理論，該理論的創始人卡爾．羅哲斯（Carl Rogers）認為從事心理諮商的工作者應該具有三個基本態度：

- 第一，治療師在與個案進行諮商的過程中，必須保持情感上的真誠與一致性。
- 第二，對於個案必須不帶有偏見，無條件地抱持正向與接納的態度。
- 第三，以開放的態度傾聽個案的經歷與問題，設身處地同理當事人的感受。

身為母親的其中一個課題，就是相信女兒具有自我實現的潛能，並不是只有心理治療師才必須抱持這樣的態度，因為對於子女而言，媽媽有時也會是全天下最可靠的諮商師。秀美希望女兒即使出社會後面臨許多困難，也能不怕受傷和失敗，永不氣餒地不斷挑戰，小心謹慎地邁出每一步。秀美的話也讓我深刻地體會到，她有多麼信任女兒的潛能。

我喜歡在旅途中，找一間安靜舒適的咖啡廳，或者坐在街道旁的長椅上，觀察來來往往的行人。每當此時，我總會發現一個奇特的現象，街上的路人除了情侶之外，女性結伴同行的比例遠遠高過於男性，在這之中，母女檔的組合也相當常見。女兒與媽媽同樣身為女性，能夠一起從事像是逛街、看表演、吃美食等休閒活動的機會，自然也會比和父親或其他兄弟姊妹來得多，成年後的女兒，也能藉由和媽媽分享女性外貌的共通話題，像是化妝品、衣服、髮型的挑選與搭配等等，強化母女情感的連結。

秀美口中的「像朋友一樣的母女」，也因為媽媽與女兒間特殊的關聯性，而變得更加可行。有如知己一般的母女關係，並非建立在物理層面上，長時間、同一空間相處時所累積的回憶，不抱有偏見地鼓勵對方成長，並給予陪伴與關注，或許才是這個時代所謂的如同朋友一樣的母女關係！

心理學技巧——

富有同理心的理解

美國心理學家卡爾・羅哲斯（Carl Rogers）認為所謂的「同理」或者「感同身受」，是指「能夠設身處地感受對方的主觀內心世界，以及其中所包含的各種情感要素。」也就是說，即使未曾親身經歷，也能像實際體驗過一樣，正確地理解他人內心的一種境界。當然，我們無法百分之百地同理他人，但即便如此，更重要的是摒除自己的立場、站在對方的角度，試著去理解對方的各種處境。

這種所謂「富有同理心的理解」，不僅能從對方身上感受到自己被理解與接納，在心理層面上，也會產生與他人互相連結的歸屬感，除了為自我實現的傾向[8]提供了發揮的條件之外，也提供了水分讓內在的潛能能夠萌芽，個體得以成長茁壯。

最後，非常重要的一點是，真正的感同身受，必須以「正向、接納的態度」為前提，也就是說，我們必須相信並接受，人類具有提升與改善自我的內在動力與潛能。

對於長大成人的女兒來說，現在最需要的，是在一旁默默守護的媽媽，而媽媽眼下最需要做的，就是打開「同理心的開關」。

8 心理學家卡爾・羅哲斯（Carl Rogers）認為「自我實現的傾向（actualizing tendency）」是一種有機體為了生存，追求成長及完善一種天性，也是生命的基本推動力。

鍛鍊心智的祕訣——

設立自己的心理界限

我在研修心理諮商課程時，接觸了許多個案，每位當事人的課題雖然各不相同，但在諮商過程中，與當事人一同釐清問題癥結點時，無可避免地一定會觸及某個議題——與父母的關係。家教過於嚴苛或是父母疏於表達愛意，容易使親子關係出現問題；相對地，如果父母過度保護子女，總是為孩子解決所有問題，也會對子女的獨立自主造成妨礙。尤其，在許多關係的組合中，母女組合之間的連結，往往比其他關係組合來得更加穩固，其中更摻雜著許多理不清頭緒的複雜心境，而這樣的矛盾情緒，往往無法只用媽媽或女兒的視角來理解。我也希望媽媽們能藉由這個機會重新思考，究竟該如何為即將離開家庭、踏入社會，正值二十多歲的女兒，建立屬於她的心理界限（boundary）[9]呢？

《尹食堂》是韓國的實境綜藝節目，集合尹汝貞、李瑞鎮、鄭有美及申久四人，並前往印尼拍攝。節目內容是記錄這四位不同年齡層的演員，在小島開設韓式餐廳的過程。對於生平第一次靠著做料理、經營餐廳來賺錢的演員們來說，雖然不免感到驚慌失措，但節目中也完整地呈現演員們迅速掌握狀況，盡責做好份內工作的模樣。不知不覺中，順利地度過了開幕第一天，一切總算恢復平靜。

然而，隔天一早，製作團隊收到晴天霹靂的消息，剛開幕的餐廳因為海灘的整頓計畫被迫立刻搬遷，成員們頓時陷入了崩潰狀態。雖然製作團隊連忙接洽下一家可供使用的餐廳，但拍攝地點卻是一間棄置已久的破舊房屋。此時，主要負責餐廳服務與經營的成員李瑞鎮令我相當驚訝，因為他突然向製作團隊詢問餐廳周圍商店的經營型態。製作團隊告訴他，餐廳附近除了旅館以外，沒有其他店家，而真正令我感到詫異的，是他接下來的提問：「那度假村的訂房率有多高呢？」

節目看到一半，我不自覺地發出「哇！」的一聲驚嘆。此時，電視畫面上跳出了一行值得玩味的字幕「紐約大學經營學系畢業」，用來凸顯李瑞鎮在這方面的專業。也因為李瑞鎮的應變能力太吸引我，讓我之後的每一集也都準時地收看。當製作單位說出訂房率為百分之百時，李瑞鎮臉上浮現了一抹微笑，接著立刻著手裝飾餐廳的擺設以招攬客人。

我們的人生是直接上演的真實情境，無法演練，所以總希望每一次的考驗都是我們能夠承受的程度，或者盡可能不要脫離預測的範圍，但我們也同樣明白，現實往往不如預想。如同拳擊比賽中，對手出奇不意的每一拳，我們的人生也充滿意外。面對意想不到的壓力，人們經常會產生被剝奪感、憤怒與挫折等情緒，只要一想到自己可能無法掌握局面，壓力便會越來越大。然而，也有人能夠像李瑞鎮一樣，認為自己能夠掌握局勢，並迅速地決定後續應該採取何種行動，展現高度的心理韌性。此時，也因為每個人採取的應對方式各有不同，正好可以透過心理學的「**自我心理界限**」來說明，而這種在心裡界限劃分下所形成的個人意識，必須藉由過去所經歷的關係，慢慢地培養與耕耘。

「哆啦A夢」是我和女兒非常喜歡的一部卡通。哆啦A夢的肚子有個大大的百寶袋，只要主角大雄一遇到麻煩，哆啦A夢總是能從百寶袋掏出合適的道具，及時拯救他。「自我心理界限」就像是哆啦A夢的各種法寶。不過，這些道具並不會平白無故地塞滿百寶袋，而是在我們經歷人生難解的課題之後，作為辛苦奮鬥的獎勵，一個又一個慢慢地累積，最後填滿百寶袋。重要的是，不論成功或是失敗，每一個道具都有其存在的價值。媽媽需要做的，不是挺身而出為女兒解決所有問題，而是守在媽媽應該在的位置，看著女兒，為她加油打氣。

為了讓女兒能夠打造出屬於自己的界限，媽媽只需要引導女兒走向人生的必經之路，僅此而已。不論是正確或是錯誤的答案，都讓女兒親自摸索，媽媽只要不插手就行了！就像某本書裡的一句名言，**人生沒有正確答案，只有將自己的選擇變成正確答案的過程**。然而，我們需要謹記在心的是，媽媽所展現的同理心以及安全的依戀模式，會成為強大的內在動機，讓女兒擁有能夠預測並做出正確人生選擇的力量。

---

9 心理界限（Boundary）最先由結構家族治療的代表學者薩爾瓦多．米鈕慶（Salvador Minuchin）所提出，用來規範在家族這個大系統裡，不同個體應該扮演的角色，以及如何與其他次系統（例如夫妻、親子）互動。米鈕慶認為最好的互動關係就是界限適中，讓個體擁有獨立性的同時，也能對家庭產生歸屬感。當個體發展出自己的心理界限時，意味著能夠以自我內心為基礎，去思考、感受、表達與行動，與其他個體建立健康的互動關係。

第2章

結婚生子後，母女間的衝突會消失嗎？

電影序幕

察覺對方的需求與情緒

——引用自電影《娘家母親》

《娘家母親》這部電影裡，不善於表達愛意的母親，用心準備了女兒愛吃的小菜和水蜜桃罐頭，提著大包小包的坐上公車，前往首爾探望女兒。這位母親彷彿將她全部的關心都裝入了這些小菜裡，仔細想想，我的母親似乎也是如此，不過年輕的我也曾嫌棄過那些大大小小的東西，甚至感到丟臉。但是當我看電影時，卻在那些裝滿物品的行囊裡，感受到了一位母親沉重而厚實的關懷與愛。

電影中，裝在行李裡的小菜和水蜜桃罐頭，可以說是一種「隱喻」，展現了母親對女兒的愛。而這些樣的隱喻，總讓人心口湧上一陣隱隱的酸楚，或許這是嫁出去的女兒才有的特別感受。看到這些隱喻時，在腦中浮起女兒或媽媽的畫面時，其中蘊含著什麼樣的涵義、傳達了什麼樣的情感，都將會成為母女關係的衡量標準。

電影裡，這位母親的大女兒在兩歲時不幸夭折，而二女兒智淑則是在那之後出生的女兒，或許正因為這樣，比起兒子，母親反而更加疼愛她，智淑不只是母親的驕傲，更是母親人生的全部。雖然有一部分是因為演員的優秀演技，但看電影的同時，我總會不自覺地想：「那才是真正的母愛」。電影裡母親的樣貌，看起來一點也不華麗時尚，反而純樸又俗氣。

劇中的母親不論是女兒小時候，或是結婚生子之後，總是叫女兒「寶貝」，如掌上明珠般捧在手心上細心照料。後來決定和男友結婚的智淑，在雙方家長見面時，遭受未來婆婆冷眼對待，而智淑媽媽也在一氣之下，站出來反對女兒的婚事。但在那之後，智淑的母親一直後悔不已，放聲痛哭地責怪自己不只幫不上忙，還變成又窮又無知的長輩、阻擋女兒的婚事。母親的模樣讓智淑的內心十分煎熬，她告訴母親不要難過，並決定不和對方結婚，但母親能察覺這並不是智淑的真心話。最後，母親放下自己的自尊心，在男方母親面前跪下雙膝，百般哀求。

不幸的是，智淑在得知自己罹患胰臟癌末期，最後一次前往家鄉看望母親時，依舊假裝若無其事地和媽媽一起逛街、欣賞楓葉，也拍下許多照片。媽媽察覺到智淑的不尋常之舉，開口詢問是不是發生了什麼事，並告訴智淑就算她不說，自己也能知道，要求智淑說出實話。儘管當時智淑一直說著：「沒事，什麼事也沒有。」母親依舊能發現女兒正面臨重大難關，而這種強烈的感知能力只有母親才會擁有！

這讓我想到心理學的一個專有名詞**「完形治療」**[1]，**也就是比起諮商時的內容，更強調諮商的過程**。人們轉述的某個事件，通常是在自身的主觀想法和片面思維下，大致解讀後所產生的語言，能夠完整傳遞事實的可能性極低。相反地，人們在轉述某件事的過程中使用的非語言訊息，例如臉部表情、聲音、視線、肢體動作，以及內心的情感、需求、思考、意象等等，藉由某個現象表現出來的訊息，則不會受到自我的審查，能夠反映出內心想傳達的真實想法。

因此，一名稱職的諮商師不會只聽當事人的敘述，而會關注當下的個案本身。從某方面看來，媽媽就像受過專業訓練的心理諮商師一樣，能夠細心觀察子女傾訴內心想法的過程，並積極地給予回應。人們常說「瞞得住鬼神也瞞不了母親」，正因為媽媽將所有注意力放在孩子身上，所以每當孩子傷心難過，媽媽總是最先開口詢問並給予關心的人。

智淑最終仍然敵不過病魔，和母親永遠天人兩隔。舉行完女兒葬禮回到故鄉老家的母親，失魂落魄地坐在門廊地板上，仰望著天空獨自呢喃。看到電影這一幕，我隱忍許久的眼淚中一下子奪眶而出。

對於獨自留下的母親來說，女兒曾是她人生的全部，她不停地埋怨著女兒離世後得要獨活的自己。也許應該跟在先走一步的女兒後面，陪伴她、讓她有一個說話的對象，不會感到寂寞，同時卻又擔心著愚笨的自己，或許會找不到通往陰間的路，在過程中迷路，造成女兒的負擔。

母親的現實生活彷彿停留在這一刻，只有在奔向死去女兒的路上，時間還運轉著。她認為自己在這個世界上做得最正確的一件事，就是生下女兒智淑，但同時這也是自己最後悔的一件事。不論是女兒被病魔折磨到死前最後一刻的人生，或是女兒的

1 完形治療（Gestalt Therapy）是德國心理治療師波爾斯（Frederick Salomon Perls）與其夫人蘿拉・波爾斯（Lore Perls）在臨床工作中發展出的心理治療方式。完形治療理論有兩大核心觀念，亦即「在當下的體驗」與「處在所有互動關係之中」，也就是所謂的「覺察」與「場域」。完形治療主張與其著眼於未知，我們應該「以當下為中心」，並且只有當我們處在與其他事物的互動關係中，才可能真正了解自己。

死亡本身，智淑媽媽都認為是自己的過錯，沒照顧好女兒的罪惡感化成一道鐵網徹底束縛住自己。然而，女兒也是自己這輩子最大的福氣，如果有來世的話，她希望智淑能再一次成為自己的女兒。智淑媽媽小心翼翼傳達悲痛的心情，祈求能夠得到原諒。

雖然女兒智淑因為小時候家境不富裕，不能得到所有喜歡的物品，但她應該會很樂意再次以媽媽的女兒重新出生。只有向對方開啟自己的內心與感知，才能全面地察覺對方拙劣的表達下隱藏的無盡愛意。長期壓抑的情感和需求持續累積，就像累積在內心的沉積物一樣，久而久之，從對方身上所感受到的一點點失落或不適，都將變得難以忍受。為了處理母女關係間尚未解決的課題，兩人必須開始察覺那些一直以來無法馬上理解的情感與需求，也因為對方會將這些情感與需求以某種方式表現在外，所以雙方必需盡己所能，留意當下所看到的、所聽到的，以及感受到的一切。

01 關於那些傷人的話

心理學家阿德勒（Alfred Adler）認為，當孩子在「過度溺愛」、「疏於照顧」的環境下成長，或者擁有「器官缺陷」，在調整解決人生問題的方法時，通常需要借助他人的幫忙。同時阿德勒也指出，這樣的環境的確會賦予人們錯誤的人生觀。

教育孩子時，我認為最重要的態度是讓孩子**不怕失敗與失誤，不輕易地感到挫敗，也不隨便怪罪他人與環境**。為此，我採取的方式是情感上的指導，自卑感較重的孩子們，在遇到挫折的瞬間，往往選擇放棄或逃跑；而在父母過度寵愛下長大的孩子，也多半有相同的行為傾向。

我的母親，也就是孩子的外婆，比起身為母親的我，和孩子相處的時間更長，也是孩子的主要養育者之一。事實上，我的母親在語言表達方面，比起肯定的話語，更常使用負面的字眼，像是「不准」、「不可以」等等的話來禁止孩子的某些行為，或是會說「還不是因為……」、「真是受夠了」之類的消極用詞。我非常不喜歡母親的表達方式，或者完全不想聽到。在委託母親分擔我的育兒工作裡，大多時候不用太過擔心，只希望母親能夠不要對孩子說出那些我在成長過程中，最討厭聽到的負面字眼；不過，儘管這是我唯一的心願，我卻經常從孩子口中聽到自己被母親教訓或是責罵的經歷。

彷彿害怕相同的事情會發生在自己的孩子身上一樣，每當此時，我總會自然而然地聯想到，在精神暴力下長大的孩子將來會變成什麼樣子，接著頓時陷入恐慌，感到無比憤怒。我帶著難過的心情詢問母親：「媽，妳是不是對著荷允發脾氣，催促她動作快一點？孩子當時應該是太傷心了，還跑到我這裡大哭。」我小心翼翼地觀察母親的臉色，盡可能以和緩的語氣表達，當時在我看來分明是委婉溫和的語調，對母親而言，聽起來卻不太舒適，像是在責怪她一樣。

這個時候，母親總會說：「做錯事本來就應該教訓，所以我才說了她幾句！」、「什麼？我哪有說什麼啊？」以這樣的方式來表達不滿。在母親答應幫忙照顧孩子後，一直有類似的衝突發生，母親與我的關係也因此越來越緊繃，經常一氣之下歇斯底里地開始收拾行李，做出抗議。

就這樣，我說的話經常在無意間成為我和母親關係惡化的元凶。一般而言，在所謂的人際關係中，一個人的想法與意見會被他人以何種方式理解、呈現與傳達，取決於個人的溝通類型。事實上，這樣的說法一點也沒錯，在母女關係中更是毫無例外。如果想與女兒、母親，又或者是其他人，透過良好的溝通建立連結，享受關係中所帶來的快樂，**必須先有意識地察覺自己在對話時，經常使用的表達模式**。

經驗性家族治療的權威維琴妮亞．薩提爾（Virginia Satir），將**溝通類型分為五類，分別是能進行有效溝通的「一致型」，以及無效的溝通模式「討好型」、「指責型」、「超理智型」、「打岔型」**。

四種無效的溝通類型

1. 討好型：是指無論對方說了任何批判的話語，只會無條件地說「好」，全盤接受，絕對不會否定對方意見的類型。「討好型」的人雖然重視雙方的關係，但絲毫不尊重自己在兩人關係中的真實感受，反而表現出一味配合對方、犧牲自我的模樣。那些在關係中，由於無法表達自我想法而產生的不滿，持續地受到壓抑，久而久之，壓力也會變得越來越大。討好型的人對於拒絕會感到恐懼與不安，這也是造成他們會看別人眼色、隱藏自我的原因。

2. **指責型**：這類型的人則希望自己在他人眼中是個強者，因此經常透過欺壓或批評別人，以及抱怨周遭環境作為自我保護的手段。他們充滿攻擊性的模樣，外表上看起來兇狠粗暴，某方面來說，甚至看起來自信強大，但實際上，他們的內心十分害怕受到他人孤立，或害怕被當成失敗者的懦夫。

3. **超理智型**：這類型的人，不論是對於自身或是他人都毫無興趣，一副漠不關心、冷淡的樣子，只追求於事情的合理性和解決問題，以這樣的態度來找出最符合邏輯、最理想的方法。在任何事情上一絲不苟、力求完美的傾向，讓他們十分理智，看起來像是一群沉著理性的人。然而，他們對他人總是帶著強烈的不信任感，內心可能經常感受到一個人的寂寞。

4. **打岔型**：是指無法集中於對話本身，過度地追求「愉悅感」，因此容易遭到他人白眼的溝通類型。比起在充滿壓力的情況下針對議題進行思考並解決問題，他們往往會因為無法忍受當下難受的情緒，而將注意力放到毫無相關的事物上，或者試圖轉移話題，比起認真溝通，更傾向於透過不停製造混亂，來分散對於話題的注意力。這類型的人，可能會在心中抱持著自己沒人關心、不被接納的負面想法，而陷入強烈的孤獨感。

這四種無效溝通類型的人所共有的特質，就是**擁有低自我價值感**。自我價值感低落的人，害怕表達自己真實的感受，並在自我保護之下，無條件地接受他人的意見；或者相反地，表現出批評、漠視的態度。為了建立穩健的關係，並好好地維持，我們必須採取「一致型」的溝通態度，也就是說，必須訓練自己能夠準確地察覺內心真實感受，並以真誠、合適的話語表達，將自己身上所發現到的無效溝通類型，轉換成更接近於「一致型」的溝通模式。

我的母親是長女，家中共有七個兄弟姊妹，沒有讀過太多的書，也並非含著金湯匙出生，成長過程中，不僅必須把許多東西讓給年幼的弟妹們，結婚後還得忍受艱辛的婆家生活。在過往人生中的許多面向，犧牲與放棄對於媽媽而言，簡直是家常便飯。我在修諮商課程時，也自然而然地能猜到媽媽屬於「指責型」溝通類型。在那之後，理解母親表面上傳達的話語時，開始多了一個前提，那就是：「這並不是母親的真心話。」

對於行動較為散漫的女兒來說，每天早上外婆「快點！快點！」的催促聲，聽起來多少有些指責的意味。上了年紀、聽力逐漸下滑的外婆，一副扯開嗓門催促孩子的模樣，也會讓孩子害怕得縮成一團。外婆只要孩子一不符合期待，就會開口責罵，而那些批評的話也會降低孩子的個人價值感。

要放下這些對於母親的批判與評價非常費力，即使到了現在，當發生某些事情時，也會讓我頓時既慌張又憤怒。儘管如此，我也正在努力學著撕下貼在母親身上的標籤。因為我明白，母親的指責型溝通模式，其實意味著她正在經歷「我也很寂寞」、「我直到現在，沒有一件事做得好」、「我這個年紀什麼也做不了」、「我不想被女兒、孫女們瞧不起」的內心掙扎。

最近，我開始找出那些母親使用的詞語背後所包含的隱藏訊息，並認真地向孩子說明，我告訴孩子：

「外婆催促妳、要妳動作快一點，不是討厭或是受不了荷允，是因為擔心荷允上課會遲到！」

「外婆大聲說話不是在罵荷允，是因為外婆現在耳力不好。耳力不好的人會擔心別人聽不見，所以常常大聲講話。」

「外婆也會有生氣的時候，大人們遇到不順利的事會生氣，也會不安。那些話都是在這樣的心情下，不小心說出口的。外婆絕對不是因為不喜歡或是討厭荷允才罵荷允的，知道嗎？」

為了避免母親所採取的溝通類型讓孩子產生誤會，我經常將母親沒有說出口的內心話，用孩子能夠理解的方式向孩子說明，擔任母親與女兒之間的調停者，充分地理解非語言訊息，在兩人一來一往的對話之中釐清詞語所包含的涵義與本質，因為對話是由表面的涵義與訊息下隱藏的潛在本質組成。

「做錯事就應該教訓！」母親所說的這句話，表面上包含「養育孩子，當然得好好教訓」的意思。但其實，這句話背後隱藏的本質是「孩子如果沒有得到適當的管教，會變得沒有教養，我擔心將來可能會阻斷孩子的才能。」

沒有任何人希望在關係中受到傷害。尤其，倘若受到傷害的是自己的孩子，又或者造成傷害的是自己的母親，更是會讓人無法接受。曾經受過傷害的人說出口的話，特別容易令他人受傷，內心受傷的前提下說出來的話如果不容易改變，其他人就必須專注在話語本身所隱藏的本質，避免受到傷害，因為這一種隱藏訊息也是建立與促進雙方連結的關係訊息。

經由這樣的過程，透過努力互相了解彼此，雙方對話也會一點一點改變，或許我的母親一輩子的說話習慣與方式，也因為這樣漸漸地產生變化。我發現母親開始主動詢問孩子的心情，也會因為擔心孩子受到驚嚇，向孩子解釋說出那些話的當下情況。有時還會抱抱孩子，給予安慰。在我們放棄關係之前，應該再一次相信彼此在情感上的交流互惠。

心理學技巧——

鼓勵與勇氣

在鼓勵的概念中，勇氣是必要元素。心理學家阿德勒（Alfred Adler）認為，我們需要具備勇氣，以提升個人解決自身課題的能力，「勇氣」（Courage）是人們行為作出改變的關鍵。有勇氣的人不僅不會埋怨自己的缺陷，還會想辦法克服，或是找出自己身上能夠彌補的正向元素來適應環境。那麼，什麼樣的人才有勇氣呢？阿德勒認為在他人的鼓勵話語之下，能漸漸培養出勇氣的力量，也就是說，所謂的鼓勵（Encourage），就是激發他人的勇氣或給予幫助。特別是，當孩子在成長過程中持續受到鼓勵，日後能夠接受自身的缺點、全力以赴完成事情的可能性更高。

鼓勵能提升一個人的控制力，這是因為鼓勵的本質，有助於讓我們相信自己可以將不可控的因素降到最低，同時最大限度地利用可控因素。尊重每個人原有的樣貌、期待對方可以充分發揮自我能力、認知到自己與他人的努力都有其價值、協助他人對於自我產生信賴等行為，都是鼓勵的表現。具體來說，可以區分為言語上和非言語上的鼓勵。

言語上的鼓勵

- 「和媽媽（女兒）在一起真的好有趣」
- 「謝謝你的幫忙」
- 「請教我～」
- 「我們一起試著做～」

非言語上的鼓勵

- 富有同理心的傾聽
- 寫信或寫卡片
- 慶祝紀念日
- 一起分享對自己有意義的事

02 「焦慮」，讓彼此的衝突越來越深

美京是一位結婚十三年的職業婦女，除了養育七歲的孩子讓她感到非常辛苦外，這陣子最讓她頭痛的事情，就是二兒子上幼稚園的適應問題。她告訴我，因為孩子每天早上無理取鬧、吵著不去上學的緣故，天天都像在打仗一樣。眼看著上班時間就快到了，內心無比焦慮的同時，還得想盡辦法將孩子帶到幼稚園，整個過程令她筋疲力盡。一旦到了該去幼稚園上課的時間，或是媽媽即將出門上班或外出時，孩子就會開始又哭又叫地鬧脾氣，對著媽媽尖叫或亂丟東西，死命抵抗，甚至有時還會躺在地板耍賴，折騰好一陣子。最後在束手無策的情況下，只好將孩子帶到外婆家。

不只是這樣，孩子到了幼稚園後，一旦

發生不合心意的事，就會出現動手推人或打同學的攻擊行為，而且這樣的攻擊行為有越來越嚴重的傾向。美京不僅試著找相關書籍來看，也曾接受過諮商，但每回諮商的結果都告訴她，一切都是由於媽媽自身的情緒狀態過於不安，孩子才會出現這樣的舉動。在諮商師的說明下，美京才開始對於孩子的行為有更深一層的了解。

最近當美京在履行像是解讀孩子的情緒、為孩子立下規定等必要管教時，雖然試著以嚴格的方式教導，但沒有一次成功，甚至當孩子開始鬧脾氣，自己也跟著變得不知所措，而那樣忐忑的心情似乎孩子也有所察覺。所以，為了快速地收拾混亂的狀況，美京總會帶孩子到附近的文具店或超市，把孩子喜歡的玩具塞到他的手裡，或者買孩子想要的東西作為補償，藉此解決孩子的無理取鬧。當孩子開始耍小性子，美京總是不曉得如何安撫與管教孩子、導正他的行為，由此看來，美京在當下也許正處在腦筋一片空白的狀態，內心強烈地希望能盡快避開這一切。美京擔心孩子明年上小學後，問題仍然像現在一樣無法解決。而她也告訴我，事情會發展到這個地步，問題似乎都是出在自己的母親身上，內心難以掩飾對媽媽的怨懟與難過。

「在家裡，就算孩子做錯事情也無法管教。孩子一做錯事，明明就應該嚴厲地教訓一頓，但這時，孩子的外婆總會在一旁說著：『他只是個孩子，就算了吧！小孩子都是這樣的，不想去上課就別去了！妳在這個年紀的時候也是半斤八兩，就算了吧！』以這樣的方式不停地包庇孩子，替孩子說話，現在只要孩子一做錯事，就會躲在外婆後面。但是如果告訴母親我們夫妻倆會自己管教小孩，請母親不要插手，她一定會感到非常難過，所以我一句話也說不出口。漸漸地，孩子的狀態變得越來越差。最近，我也對於先生感到相當愧疚。」

美京的二兒子出生時，美京的媽媽就搬來和美京一家人同住，並幫忙照顧孩子。也因為美京和媽媽都是內向謹慎的人，不論是以前或是現在，只要一有不愉快的感受，總是選擇壓抑情緒，不想因為自己的一句話造成不和。然而，持續地把不開心的情緒裝在心裡，久而久之就會像現在一樣，內心的不滿逐漸浮現。許多事情美京都能咬牙忍下所有的不快，但她不想連子女教養問題也用相同的態度面對，這也讓她更加地心力交瘁。

然而，一切是否真的就像美京所說，無法順利管教孩子的主要原因是由於自己母親的介入，似乎還有進一步確認的必要。實際上，**絕大多數家庭問題的發生，代表著家庭內部情緒系統不健全**。一般而言，家庭成員之間的情緒互動，只能片面地以「連結」或是「隔絕」其中一種方式存在，如果說產生連結是指歸屬感、親密感，以及在關係中個人自主性的保障；那麼，所謂的隔絕就是指在情緒上過度的孤立。當家庭的親子關係中，存在著隔絕的情緒系統時，最重要的一項特徵，就是**子女的焦慮程度較高**。我推測，美京的原生家庭或許有著隔絕的情緒系統。

在心理學中，**健康的重要指標不在於擁有正面情緒，而是對於負面情緒，例如挫折、憤怒、離別、被剝奪感、痛苦等等，具備多大程度的感知能力，以及能否妥善處理這些情緒**。焦慮程度較高的媽媽，無法適當地回應子女的問題，索性直接逃避；或者相反地，對子女進行干涉與控制，但這些都難以真正地解決問題。所以，在怪罪他人之前，我們應該重新檢視自己是否充分地盡到父母的責任。

現在美京所面對的狀況，正是紐約家庭與工作協會會長艾倫・葛林斯基（Ellen Galinsky）所提出的親子關係六階段中的第四階段。專家們認為在這個階段，能夠重新審視親子關係，因此對於子女在情緒上的成熟發展，比起其他時期更為重要。孩子對於世界的好奇心逐漸增強時，父母不僅需要擔任親切、客觀中立的助手，還必須具備能有效解決衝突的技巧。然而，在孩子聽話時，給予孩子想要的東西作為代價交換，卻是現在美京唯一能選擇的衝突處理方式。

當然，人類的心理與社會發展，大多仰賴反覆練習才得以建立，此時決定個人行動的增強物[2]也是必須的。但美京所採取的物質提供，並不能算是良好的方式。為了導正孩子的行為，美京首先必須降低自我的焦慮程度，也就是指親子間情緒上的連結，透過彼此情感的互動，增進夫妻、親子、手足關係間產生歸屬感與親密感。方法非常簡單，那就是成為一位充滿溫暖的情緒教練，先理解對方的感受，再進一步修正行為。

先理解對方，再修正行為

「原來你現在是這樣的心情！」（理解他人情緒）

「怎麼做才好呢？你的看法是什麼？」（為了解決問題的提問）

「在幼稚園裡，什麼時候覺得最有趣呢？玩什麼的時候最開心呢？」

如果這樣的方式可行的話，美京就能按照孩子成長的階段，充分地履行父母的責任。另外，不只是美京，美京的母親可能也同樣具有慢性焦慮。一般來說，高度焦慮的狀態無法在個體身上持續太久，所以會透過與他人的關係顯現出來，但美京的焦慮情緒卻作用在子女與母親身上，她對於母親的埋怨就像不定時炸彈般，隨時都會爆發。到那時，美京必須得明白，這種不適感並不是母親造成的，而是因為自己處於焦慮狀態才會如此。

「原來我現在非常焦慮，因為擔心孩子犯錯才會這樣！」

當我們感受到某種情緒的瞬間，如果能夠想著「我現在的心情是這種情緒」，為自己的感受貼上標籤的話，一切就會像踩煞車一樣，在情緒的漩渦裡開出一道得以重振精神的微小縫隙。舉例而言，當我們準備管束孩子時母親從中介入，這時我們必須注視母親，表達出自身感受，像是將「我覺得很失望」說出口，為感受貼上標籤，這就稱為「情感標記」或是「為情感命名」。

「情感標記」能夠誘發右腦外側前額葉皮質、內側前額葉皮層的活化，進而使人類大腦裡決定情感的「杏仁核」變得鎮定。別讓自己的情感隨著對方干涉的聲音而失去控制，我們必須先為自己的情感命名。像這樣**訓練自己透過觀察情感經驗，提高自我認識能力的過程，有助於焦慮感的調節**。另外，我們也需要慢慢地與子女和母親的情感進行溝通，自我的焦慮一旦先得到控制，家庭的情緒系統也會跟著恢復。

2 增強理論（Reinforcement Theory）主張人們會依據行為的後果來從事其行為，假設行為表現所帶來的後果是好的、令人愉悅的，則會增加行為的表現，但某些行為若導致負面的結果，則會減少那些行為再度發生的機率，任何能夠加強行為發生的刺激都稱為「增強物」（Reinforcer）。

心理學技巧——

親子關係的六個階段

艾倫．葛林斯基（Ellen Galinsky）首先考慮孩子的各個生長時期，再依照父母每階段必須解決的情緒、知識層面的課題，將父母親的角色區分為六個階段。

- **第一階段：形象建立階段（懷孕期）**

丈夫與妻子共同想像成為父母的模樣，或者為孩子的到來實行具體計畫的階段。

- **第二階段：養育階段（孩子0～2歲）**

父母樹立的形象必須與現實一致，是子女與父母互相適應彼此的階段，此時最重要的課題是親子依附關係的建立。

- **第三階段：權威階段（孩子2～4或5歲）**

此階段父母必須以身作則建立權威，讓孩子能夠遵循。父母必須作為幫助孩子社會化的催化劑，並具備一定的權威與態度。

- **第四階段：解釋階段（5歲～小學）**

此時期父母必須具備有效處理親子間衝突的技巧，不只要對孩子廣泛的興趣與各種探索活動，盡責地提供知識層面上的諮詢，也必須用心建立親子關係。在這個階段，子女分離－個體化[3]的需求也需要得到父母的肯定。

- **第五階段：相互依賴階段（青少年時期）**

此階段是孩子自我認同的形成期，因此父母必須接納青春期孩子的變化，建立能夠支持雙向、彼此獨立存在的親子關係。

- **第六階段：分離階段（成人期）**

父母必須準備好讓子女獨立，為了日後全新的夫妻生活努力。

3「分離—個體化」（separation-individuation）最早由客體關係學者馬勒（Mahler）提出，是指孩子離開照顧者後，逐漸獨立，建立自我認定的內在心理過程。

鍛鍊心智的祕訣——

讓關係更緊密的情感雙向互動

三代同堂的家庭生活中，夾在中間的女兒一方面要擔心小孩的教養問題，一方面要化解外婆在進行隔代教養時產生的衝突。表面上看起來，是對育兒感到心力交瘁的女兒和母親之間的問題；但實際上，比起與母親的矛盾，教導年幼孩子的方式，反而與這些衝突的發生更具有相關性。

我曾在前面的章節說明，絕大多數家庭問題的發生，與家庭內部的情緒系統有關，而較為循序漸進的解決方法，是培養讓家庭成員之間產生連結的情感互動。這裡所說的讓彼此產生連結的情感互動，就是溝通能力，也就是對話，所以如果不喜歡媽媽總是對自己的育兒方式指手畫腳，並對此備感壓力的話，不妨讓自己成為小孩最可靠的情緒教練。

針對幼年子女進行情緒上的教導，或許可以參考發生在我身上的故事，與排解的方法。

我的孩子很喜歡畫畫或動手做模型，某天，他專注地在沒有開通號碼的手機上畫圖，就這麼過了兩個多小時。就在圖畫即將完成的時候，孩子突然大叫了一聲，剎那間，原本在房間休息的外婆，以為孩子發生了什麼意外，馬上走到客廳。我當下直覺性地意會到，大概是剛才畫的圖出現了問題，以致於孩子花了兩個多小時畫的圖，未能儲存在手機裡。孩子因為過於憤怒，氣得不知該如何是好，這也是我第一次見到她如此生氣，使盡全力地握緊拳頭，兩隻手微微顫抖，眼眶裡的淚水撲簌簌地流個不停。

「我要報仇！我要去學校把 ××× 的手機摔壞，把他的手機弄壞。」

由於太過震驚，我開始專心地聽著孩子說的話。這個時候，比起釐清事情的前因後果，我認為在當下安撫、鎮定女兒的情緒更為重要。所以我先將她緊緊地抱在懷裡，開始輕撫她的背，讓她的呼吸更加順暢。

「荷允用心畫的圖沒有存起來一定很傷心吧？如果是媽媽一定也會很難

過，眼淚都快掉下來了呢。剛剛那張圖真的畫得很好，媽媽也好傷心喔！」

然後，看著孩子一邊對著她說：「現在荷允的身體好像被嚇到了，如果一直這樣的話，身體會變得硬邦邦，等一下可能會很痛。好！那現在把手張開，跟著媽媽一起吸氣吐氣，好不好？」先引導孩子調整呼吸。幸好孩子的情緒逐漸穩定，身體也開始放鬆，而在一旁目睹一切的外婆，也在孩子情緒漸漸穩定下來後，默默地走回房間。我請先生倒一杯水，讓孩子慢慢喝下，然後，再慢慢地詢問事件發生的過程。

原來學校裡，名為××的同學，不小心將她放在桌上的手機摔到地上，螢幕表面出現了裂痕，手機的功能也產生了故障。正因為這樣，孩子才會認為今天的事，都是因為那位同學所導致，也讓孩子出現憤怒的次級情緒。雖然充分理解孩子會怪罪他人的心情，但是那位同學並不是讓圖畫無法儲存的直接原因。此時，我的腦中浮現出情緒訓練的方法。

1. 理解情緒。
2. 讓身體放鬆（伸展、呼吸、喝水等）。

3. 用合理的說明引導對方理解。
4. 確認情緒能得到接納之後，提出後續發生相同狀況的應對方案／提問。

首先，必須先向孩子簡單地說明事情的前因後果，並盡可能地讓孩子接受今天的事情不是任何人的錯，設法讓孩子下次遇到相同的狀況時，能夠想出不同於今天的應對方法。

「原來是因為這樣，所以荷允才會更生氣啊！但是，不是只有手機，媽媽的電腦也常常會這樣。媽媽的電腦沒有被別人摔到地上，也沒有故障，機器有的時候還是會有問題。以前媽媽也有準備了很久的演講資料沒有存起來，資料都不見了！」

「沒有人破壞手機或是摔手機，手機也會不聽話嗎？」

「當然囉！那個時候媽媽也很傷心，然後開始生氣。可是生氣也不能讓資料突然再變回來，所以媽媽只好趕快再做一份。大人也像機器一樣，誰都會有做錯事情的時候，事情也有可能不會像我們想像的那樣發生。」

女兒詢問我是不是真的也有同樣的經驗，對於這樣的事不只發生在自己身上，似乎感到有些安心。然後，孩子抱著喜歡的玩偶，請我幫她打開最近我們母女一起收聽的正念冥想程式，接著漸漸進入自己的思緒當中。過了一會，孩子告訴我：「媽媽我現在沒事了！」我對心情逐漸好轉的女兒提出一個建議。

「荷允今天太辛苦、太累了，稍微休息一下吧。明天或是改天如果想再重新畫一次今天的圖，應該還能再試試看，對吧？」

孩子回答一聲「好」。在這之後幾天，孩子告訴我，雖然不是原本的那張圖，但因為腦中浮現了新的畫面，所以她迅速地畫了一張比起之前更為簡潔的圖畫，完成了繪畫。

如果能夠理解孩子的情緒，正向地改善孩子的行為，身為長輩的母親便會停止挑剔女兒的育兒方法、介入女兒對於孩子的教導。然而，一旦女兒抱持著自己無法妥善照顧孩子的想法，或許會更容易被迫接受母親的教育方式。

為了阻止母親插手育兒問題而說出口的不滿，可能會讓女兒再次受到良心譴責；相反地，設法讓母親認為事情不會出差錯，沒有需要她介入協助的必要，反而能夠提升家庭內部的情感互動。

03 小時候沒有得到媽媽足夠的愛

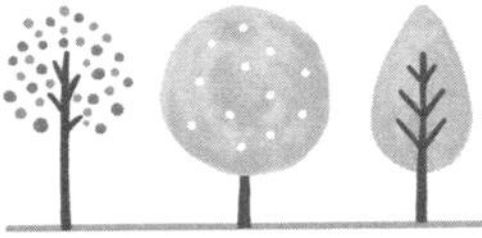

養育孩子的過程中，感受到強烈幸福感的時候，就是孩子從一個蠕動著小小身軀的嬰兒，不知不覺中變得能夠鑽進我懷裡，伸出白嫩的雙手緊緊抱住我的那一瞬間。我把額頭靠近孩子時，孩子也同樣地晃著額頭，和我相互摩擦；當我用鼻子靠近時，他也做出相同的動作來回應。小巧可愛的孩子做出的肢體接觸和舉動，讓我不得不感嘆生命的驚奇，同時也讓我浮現另一個想法「為什麼我和母親之間，從來沒有經歷過這種溫馨的情感交流呢？」

最近，每天早上我總會看到令我感到陌生的場景。

「哇！是誰幫你綁的頭髮這麼漂亮？」

「當然是外婆啊！」

從孩子口中聽到「當然是外婆」，我並沒有一絲的討厭，即使心裡早就知道答案，卻還是想聽到孩子的回答，所以才裝作不知情地問了問孩子。其實，小時候母親幾乎沒有為我好好地梳過頭或綁頭髮。所以，在能夠打理自己的髮型以前，我總是留著一頭短髮。當下或許是對過去的記憶感到傷心，我下意識地說出這樣的話：「哇～真羨慕荷允！外婆還幫荷允綁頭髮，媽媽小時候外婆都沒有幫我綁過呢！」

小時候，母親經常因為身體不適而住院，或者從早到晚忙著田裡的工作，也因為這樣，母親不能像其他媽媽一樣，替我整理頭髮。不曉得母親是否確實聽見我抱怨的話，她沒有任何反應。但看見孩子頭上髮圈的顏色一天比一天多變，母親特地花心思只為了幫孫女編出樣式更複雜的髮型時，我也曾想過「或許媽媽也曾因為沒能替我做到這些事情而感到內疚吧？」說不定也因為這樣，母親才把自己的外孫女當成彌補的對象，我在心中暗自思量。

偶爾在替孩子整理頭髮時，我總會想起童年。那麼，母親又是怎麼想的呢？在替年幼的孫女梳頭髮時，也會想起自己的女兒嗎？某位個案也曾經與我有類似的經驗。

「以前上學的時候，我最討厭下雨天。其他同學的媽媽會拿著雨傘到學校接送小孩，我的母親卻一次也沒有出現過。最後，我當然只能淋著雨一路狂奔，或是隨便撿一把破損的雨傘走回家。現在回想起來，還真是心酸。那時，全校只有我的媽媽有工作，每天早上都得搭公車通勤的媽媽，老是在公車快要開走的時候，氣喘吁吁地擠上公車，狼狽的模樣讓人不忍直視。一有工作，原本在家休息的媽媽，也經常丟下手邊的事立刻出門。

成長過程中，我幾乎不記得曾經在媽媽身上獲得充足的母愛，而對我來說，那就像一股不停朝我逼近的匱乏感一樣。似乎也因為這樣，在結婚生子後養育孩子的過程中，我堅持不讓小孩也感受到相同的匱乏，所以反而強迫自己更用心照顧孩子。但是，我依然認為自己是個不及格的媽媽，對孩子抱持著強烈的愧疚和遺憾，體內彷彿刻著『我不能跟母親一樣』的鐵則。」

正愛小時候因為沒有在母親身上獲得應有的滿足，所以一直對母親有所埋怨，而這樣的印記，也影響了正愛現在對兩個青春期子女的教育方式。即使孩子們並沒有對正愛所給予的各種支援感到不滿，也沒有其他的要求，但正愛依然覺得自己做得不夠，不停地詢問孩子是否有其他的需求，甚至到了孩子會感到厭煩的地步。這種行為的背後，其實隱藏著一個想法，那就是：自己要成為一個不同於親生母親的好媽媽，而這也反映出，自己不想在將來也像自己的母親一樣，遭受子女的埋怨。

我發現我也和正愛一樣，希望透過對孩子的教養，讓童年時期未能充分滿足的需求以及遺憾，一點一點地實現。只要荷允要參加體驗式學習、遠足、運動會等學校舉辦的活動，外婆總會在凌晨起床，準備紫菜包飯和她喜歡的豆皮壽司，一樣也不缺，這樣的母親讓我感到有些陌生。即便如此，我的內心沒有一絲愧疚或不舒坦，反而產生再次獲得補償的感覺，有時也讓我非常愉悅。也許，即便是用這樣的方式，我也想填補一直以來總是感到匱乏的母愛也說不定。

即便對母愛感到不滿足，但是，在成長的過程裡，我們真的沒有在母親身上獲得過什麼嗎？後來，我了解到，我們的記憶是經過個人意志編輯、重組過後的產物。如果我沒有攻讀諮商心理學，我一定會懷著對母親的各種誤解，繼續生活下去。雖然沒有從母親身上得到滿滿母愛的印象，但成長過程中，我也不曾遭受虐待，或在母親的疏離下度過孤單的成長期。儘管如此，我依然在與母親的關係之間，感受到了**情感匱乏**，這主要是因為「我愛你」、「因為你，我真的很開心」、「有妳這個女兒，是媽媽的驕傲」這一類的話，甚至是常見的「謝謝」在我的記憶中不常出現。由於能夠表達、增進感情的言語不常被掛在嘴邊，所以我和正愛才會認為，自己不曾從母親身上獲得充足的愛。

有一次，我在學習諮商課程時，參加了一個團體研討會。我必須花一個半小時的時間思考，並表達出我和家人的關係，尤其是母女關係。剛開始我非常羞愧，因為我想不起來任何特殊的回憶，但當我沉浸在自己的思緒，過了好一陣子之後，我突然想起小時候差點死掉的事件。在我六歲時，當周圍的人都對母親說孩子沒救了，奮力阻攔母親時，母親仍然不放棄，背著我在鄉下走了將近三公里的路程，拼命地到處奔走，最後將我救了回來。背著我的人不是父親而是母親，這件事情對我而言非常重要。雖然是很久以前就知道的事情，但我努力不去回想起來的原因，其實是出自於內心對母親的卑鄙想法。

那麼，和我有著相似經歷的正愛媽媽又是如何呢？首先，根據正愛對於父親的描述：爸爸雖然沒有正式的工作，卻經常能聽到周遭的人稱讚父親心地善良，做著自己喜歡的事，寫寫文章，用心經營自己的興趣愛好。相反地，正愛的媽媽擁有強大的生活能力，經常沒日沒夜地工作，甚至在正愛上小學的那一年，母親還能用自己賺的錢買一棟房子。聽著正愛的敘述，我問她對於母親在家庭中承擔過多責任、沒有多餘的休息時間，日子似乎過得十分辛苦有著什麼樣的看法。

正愛陷入沉思，接著她告訴我，她的母親大概就像我說的那樣，所以才會經常發脾氣，對每件事緊張兮兮，直到現在，她從沒見過母親發自內心地大笑。她說，母親只要一生氣就會變得非常嚇人。事實上，她的母親也是到了最近才發現，自己原來是個不愛笑的人，偶爾也會聽到別人說自己總是板著一張臉，讓人畏懼。正愛表示，原本以為母親是個天生不愛笑的人，但實際上似乎是因為沒有值得笑的事情發生，母親才笑不出來。她希望母親今後能夠放寬心，多多開懷大笑，也希望和母親之間存在缺陷的依附行為，能夠不要傳承到下一代身上。

依附關係會影響人的一生

研究報告顯示，母女關係之間更容易產生依附模式的世代遺傳。主要因為母親和女兒在整個人生的過程裡，必須經歷、扮演相同的角色。童年與父母建立的依附關係，將會延續至成年期，甚至在結婚生子之後，影響和子女間的依附關係與教育方式。就像不費吹灰之力就能得到他人的愛，之後也能懂得如何去愛人，是一樣的道理。這麼看來，我們這一世代的母親，和更上一世代的外婆之間，要在戰爭與貧窮的時代背景之下建立理想依附關係，似乎更加困難。

我們這一代人的媽媽們，很有可能從來沒有接受過愛。因此，母親們也理所當然地難以將自己不曾體驗過的依附行為，傳給下一代。不過需要注意的是，依附關係雖然建立在幼兒時期的經驗基礎上，但卻是兒童期、青少年期、成人期，以及整個人生過程中，我們必須不斷地經歷的過程。同時，依附關係也有機會重新體驗或建構。

這樣看來，就如同我和母親之間應該盡情體會卻不曾被滿足的遺憾，在看見母親照顧自己孫女的當下，我又重新體會了一次，也感受到了幸福。同樣地，母親說不定也希望，將過去未能表達的愛以及媽媽的角色，透過這樣的方式獲得認可。雖然我們母女住在一起，仍然存在許多摩擦，但過去無法交流的情緒反應，現在卻能夠互相傳遞溝通，實在非常慶幸！媽媽們在養育我們的當下，大概也像現在的我們一樣，對父母這個名字感到尷尬生疏，同時也有許多不足。比起現在，在過去育兒知識不普及的年代，反而更容易在各方面反覆發生失誤。我想，母親以外婆的身分重新負擔育兒的工作，應該也不願意再像當時一樣犯下錯誤。

透過母親與我、我的女兒，三代同堂的家庭生活，或許我也正在重新經歷幼年到童年時期，感到些許不足的依附經驗。總而言之，對於管理人生來說至關重要的依附關係，並不會在生命結束的那一瞬間終止。這麼一想，說著「記憶中我從來沒有接受過愛」、否定母女關係的正愛，或許也能看見與媽媽重新建立依附關係的希望。

心理學技巧——

母女間依附關係的世代傳承

約翰．鮑比（John Bowlby）認為依附關係是從出生到死亡，形塑個人品格的要素，而嬰兒時期所形成的依附關係將持續整個人生。鮑比主張，在依附關係中，母親身上持續經歷累積而來的特性，會決定小孩的教育方式與依附行為模式，也就是依附關係的世代傳承。

近期許多研究顯示，依附關係確實能夠傳承給子女，在這之後，鮑比的主張變得更加具有說服力。也就是說，小孩幼兒期與父母間的早期經驗所塑造出的自我，以及子女針對父母所建立的內在運作模式（internal working model），會影響一個人的育兒行為，並傳承給下一代。

英國曾針對生產過後的婦女進行研究，在產後十二個月時，以她們的嬰兒為研究對象，透過成人依附訪談（Adult Attachment Interview，AAI），測試嬰兒在陌生環境下的依附模式。根據研究結果顯示，將依附模式分成安全、不安全兩類型時，母親與嬰兒的依附模式一致率達到了七五%，而這樣的一致率，在其他文化圈或者研究對象（包括孩子的外婆），也出現了相似的結果。這表示，個人的適應力和對於防禦的既定觀念，會經由母親傳承給子女。

總而言之，我們可以得知，幼年時期與父母建立的依附關係，會一直持續到成年期，除了影響個人從父母身上學到的育兒行為之外，也會作用在個人與下一代之間依附關係的形成上。不安全型的依附關係將會傳承給子女，或者在這一代結束，取決於母親個人的意志。

04 如果媽媽幫我帶小孩

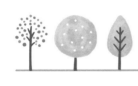

來到這個世界，喊的第一句話「媽媽」，在生活上遇到大大小小的阻礙，不自覺脫口而出的「媽媽」。在我今後的人生裡，還會將「媽媽」掛在嘴邊多久？這句話也能從我的女兒口中聽見嗎？

「媽媽，今天能不能不要去演講？」

現在孩子已經能察覺到當我化好妝，把衣服換成整齊美麗的套裝時，就是要去演講的日子。從家裡出發，上車後握住方向盤，接著前往指定授課地點的路上，孩子的那句話，不停地在我的耳邊迴盪，但我仍然狠下心做出選擇。人人都說這個社會變了，進入職場的女性變得更多，如今也迎來了女性握有一定話語權的時代，理所當然地，女性在社會上扮演的角色也變得更加多元，不過，更讓人訝異的是，不論是以前或是現在，女性在家庭裡扮演的角色依然沒有改變。那麼，這一切究竟是為了誰而改變的呢？我也曾產生這樣的疑問，但無論如何，我都需要一位救星來分擔我一個人無法負荷的育兒生活，那就是我的母親。

根據近期韓國統計局的資料顯示，女性的大學升學率為七四．八％，高於男性的升學率六八．六％，而女性就業人口中，具有一定專業或從事大學科目相關的從業人員，比率高達二一．二％。隨著女性在經濟活動上的參與率，以及從事專業職或科目的比率增加，兼顧教育子女與職場工作的職業媽媽也與日俱增。女性積極投入職場的背後，也代表需要在職場與家庭之間，沒日沒夜的奔波。即便是如此艱辛的過程，媽媽們依然抱持著「辛苦的日子總有一天會結束」的想法。然而，她們的犧牲，就好像永無止盡一樣。

原本已經準備退休的母親，為了讓自己辛苦扶養長大的女兒，能夠兼顧家庭與事業，再次接下了幫忙育兒的任務，所以像我這個世代的女兒，往往會覺得自己是罪人。母親曾再三地表明自己的老年生活，絕對不要在照顧外孫中度過。一輩子待在故鄉，不曾遠離的母親，卻因為我到了陌生的城市展開第二人生，她每天唯一說話的對象，就只有剛滿兩歲，開始使用疊字說話的孫女，媽媽總是拐彎抹角地說這些話來埋怨自己的人生。

「從很久以前開始，要是有人問我要種田還是要帶孩子，我絕對會回答種田。沒有人會說要帶孩子。」

無數的母親，就這樣投入了幫忙女兒育兒的修羅場。邁入老年生活的她們，時間幾乎被自己的下一代、下下一代所占據。

帶小孩是多麼辛苦的一件事，我怎麼會不知道呢？所以我一直懷抱著既感激又愧疚的心情。然而，出自於對小孩的情感，漸漸地這種可悲的心境，也被我拋到腦後。

治療現代人的憂鬱、焦慮具有顯著效果的認知行為治療（CBT，Cognitive Behavioral Therapy），將人類所面臨的問題歸因於「愛」與「肯定」兩大因素。

外婆也想受到愛與肯定

其實，任何人在本質上，都希望能藉由他人來確立自己的存在價值，而透過他人的關心和鼓勵，或者努力發揮自己的能力，都能展現個人價值。而因為母親支援育兒工作的女兒，也開始得到機會，受到他人的認可，自然而然地，周圍的人開始鼓勵她並給予祝福，女兒也可以完全沉浸在被愛的感覺當中。

每個人都擁有的「愛」與「肯定」兩大需求，是人類用來確立人生每一個瞬間、賴以為生最大的慾望。然而，此時站在一旁看著女兒的母親，即使內心有自己的需求，也只能被迫暫時壓抑或放棄。所以，很多母親才會想要藉由控制女兒和孫子女，來滿足被愛與被肯定的慾望。

我們常常不經意說出隔代教養的孩子似乎較沒有禮貌之類的話，但問題的發生，往往是因為雙薪家庭的父母沒有多餘時間陪伴孩子，爺爺奶奶心疼孫子之餘，索性開始替孩子解決他應該自己完成的事。祖父母捨不得孫子、孫女揹著比小小身軀更大的書包上下學，所以才會幫孩子提書包；又或者，看著盛好飯走進客廳或房間的孫子女，擔心孩子的發育不良，所以緊緊跟在後方不停地餵孩子吃飯；為孩子加油打氣的同時，在孩子口袋塞滿厚厚的零用錢；孩子一遇上麻煩、累人的事，也無條件地幫孩子解決；不知道從什麼時候開始，冰箱裡全是孩子喜歡的食物。這一切，只有一個原因，那就是爺爺奶奶心疼孫子女的緣故。

夾在中間的女兒，因為小孩的習慣逐漸變糟，而對母親說出自己會看著辦、希望媽媽能夠不要插手教養之類的話，母親仍然聽不進去，反而因此感到難過。這些話聽起來就像是女兒拜託母親照顧孩子，現在卻認為母親的教育對孩子沒有幫助，反過來要求母親不要干涉。

「對自己的婆婆一句話也不敢多說，看我好欺負是吧！」

「真這麼行的話，孩子妳自己帶，幹嘛要我幫忙？」

雖然想辯解自己並沒有那個意思，但母親並沒有那麼容易消氣，因為母親的存在價值受到了質疑，在心中亮起不愉快的危險信號。女兒們應該要明白，母親也像自己一樣擁有對於「愛」與「肯定」的慾望。如果想讓孩子在外婆的過度保護中培養獨立自主，就必須設法先讓外婆學會獨立，對於過去只依靠他人的認可與愛來確立自我價值的人來說，一旦脫離這個狀態，便會認為自己就像失去核心的果實，只剩下外殼。

不管怎麼說，在人生地不熟的都市生活，對於母親而言那種孤獨感想必是一大挑戰，我也有過這樣的經驗。所以我必須幫媽媽在家庭生活以外，打造出新的人際互動。我介紹媽媽到社區的國民運動中心，註冊了健身及游泳課程的會員，讓原本放在女兒和孫女身上的注意力，也開始一點一點分散到外面的世界，並回到自己身上。

學游泳時，教練的一句：「您這個年紀，比年輕人還有體力，游得更好呢」，還從一起運動的阿姨們口中聽見：「姐姐的皮膚怎麼保養得這麼好啊」。有一次，我和丈夫以及孩子，三個人到戶外進行為期五天的露營，孩子在沒有任何人的指使下，主動打電話給家裡的外婆說：「我想吃外婆煮的飯菜，外婆幫我煮的最好吃了！」

結束了五天的露營回到家，我還記得餐桌上擺了剛醃製的泡菜和約莫六種的小菜。媽媽爽朗地笑著說：「荷允不是說外婆做的菜最好吃了嗎？還說妳媽媽做的不好吃。」話一說完，母親看著我，看起來內心十分痛快地笑著。我們必須試著打造出在別人的關心與肯定下，得以重新認識自我的機會。

別說是游泳，連浮在水面上都有困難的我，不停地說著母親喜歡聽的讚美：「果然是水中蛟龍，如果再年輕一點，一定很多人找妳當國家代表」、「媽媽的皮膚比我還要好。」

與母親住在一起時，我得知了一項新的事實，那就是媽媽比起任何人都更喜歡得到肯定與讚美。媽媽在婚前非常熱衷於打扮自己，是個相當時髦的人，結婚後一邊種田，一邊靠農活維生，漸漸地變得不再吸引他人的目光。而當母親重新開始受到他人關注、得到讚美，即使微小，也能從她的眼神當中感受到光芒，母親認為自己還可以完成許多事，肯定自己正在過著不錯的人生。這次的經驗，也讓我不得不深深地同意阿德勒所定義的：「人生的所有快樂都是源自於人際關係。」看著母親熱衷於培養能讓自己更快樂、更放鬆的興趣愛好，讓我深刻地明白，母親的人際界限漸漸地擴大，也不再執著於他人的肯定和讚美。

母親在故鄉生活了六十多年，從來沒有離開過家鄉，在終於可以享福的時候，決定成為育兒救星，幫助我照顧孩子，雖然發生許多料想不到的困難，但母親確實比起以前更有自信。雖然是許多事情互相作用下產生的結果，但其中一項可以肯定的是，**在人際關係裡得到的「肯定」、「讚美」、「鼓勵」，能讓母親從中獲得勇氣，成為自己人生的主人**，而身為子女的我們也應該對此心懷感激。另外，我們也不能讓孩子忘記，外婆是代替母親的養育者。隔代教養不會讓孩子變得沒禮貌，為了讓孩子能夠透過祖父母學習生活中各式各樣的經驗，孩子的父母必須給予鼓勵與信任。

母親的手非常靈巧，用完的物品不論是什麼，絕不隨便丟棄。就在最近，隨著孩子的體形越來越高大，母親便順手將孫女穿不下的連身洋裝做成枕套，也會拆下舊衣服上的裝飾品，重新做成頭飾，甚至把垃圾桶拿來穿洞，改造成花盆。在一旁看著外婆展現手藝的女兒，發現有故障或是不能使用的物品，也不再隨便丟棄，而是將喜歡的部分裁下來，請外婆重新改造。

觀察韓國最近的家庭型態，祖父母不再只是像從前一樣，在育兒方面扮演次要的角色，而是代替父母作為主要的養育者。因此，將主要養育者的角色重新進行分類的研究也越來越多。在伍德沃德（Kenneth L.Woodward）與康哈伯（Kornhaber）的研究中，祖父母的角色可以分成下列幾種：

1. 歷史學家，讓孩子理解歷史與文化的意涵，家族的歷史
2. 扮演訓導、管束的角色，教導基礎的生活技能與傳授智慧，並建立孫子女的性別認同。
3. 作為典範，讓孩子了解老化的過程、未來的家庭觀以及祖父母的責任

4.扮演說故事的人，促進孩子的想像力；成為孩子的代理養育者，拓展孫子女的支持系統。

我經常利用空閒時間，向孩子說明媽媽們為了自己的女兒，努力在母女關係中扮演的各種角色。除了和父母的日常相處之外，與外婆一起生活的過程中所能學習到的人際應對能力，也令孩子相當期待。外婆在長時間的經驗累積下得到的知識、智慧以及經驗，能在教導孩子的過程中，作為一種讓孩子情緒穩定、保持秩序的方法；同時，也能成為幫助孩子成長的外部因素。因此，我們一定要記得，信任自己所選擇的救星，也就是自己的母親，這是身為女兒的我們在子女教育上，能做出的最佳選擇。

有時我會想，將來如果像媽媽一樣年紀大了，看著為了養育孩子忙得焦頭爛額的女兒，我能拋下手邊的一切，在女兒身邊給予幫助嗎？我能像母親一樣犧牲奉獻嗎？現在的我，還沒有明確的答案。我希望那時，不是靠著某個人的犧牲來背負起下一代的責任，而是有具體的社會支援政策與制度，讓夫妻兩人能夠更從容地養育孩子。

心理學技巧——

祖父母的社會心理發展階段

根據二〇一二年韓國家庭育兒現況調查，五百一十萬戶的雙薪家庭中，有二百五十萬戶的家庭由祖父母負責孩子的教養。未滿兩歲的幼年子女，比起託管在育兒機構，父母們更偏好聘請保姆照顧。祖父母一起分擔育兒的工作，在過程中與孩子建立的互動關係，會對孩子心理層面上的適應力、情緒上的穩定以及情緒控制能力，產生重大的影響。

根據艾瑞克森（E.H.Erikson）所提出的社會心理發展八階段，養育孫子女的祖父母大致處於第八階段，也就是六十五歲以上的老人期。這個階段，個人在社會心理上需要處理的課題與危機，即是老年人自我統合的形成；也就是，回顧自己到目前為止的人生，究竟會認為自己的生命具有價值，抑或是陷入絕望。

一般而言，處於老人期的祖父母，會經歷從職場退休、責任喪失以及責任的減縮，同時也會變得無力、憂鬱。然而，負責照顧孫子女的祖父母，不但能得到更多角色參與的機會，生活的滿意度也會提升，與子女、孫子女之間融洽的互動關係，也會對於心理層面上建立自我統合，帶來正面的影響。

鍛鍊心智的祕訣——

與外婆育兒意見不合的解決法

在孩子還小的時候，我經常唱著韓國童謠《島上的孩子》當作搖籃曲給孩子聽。每次當我唱這首歌時，我總會心想：這家的小孩好可憐，一個人想必一定很孤單。歌詞是這樣的：

媽媽到島上陰涼處採蚵，只留下孩子一個人看家。
海上傳來一陣陣催眠曲，孩子枕著手臂進入夢鄉。

幾年前，我偶然間讀了這首童謠的第二小節，感到有些訝異，我心想：「以前唱了無數遍這首歌，為什麼從來沒有對第二小節產生疑惑呢？」看了歌詞之後我意會到，雖然時代背景不同，但我周圍大多數的職場媽媽們，包括我在內，我們的生活並沒有不同。第二小節的歌詞是這樣的：

> 孩子雖然睡得非常香甜，海鷗的哭聲卻無比激動。
> 媽媽頂著沒裝滿的籃子，沿著沙灘一路奔跑回家。

當了媽媽後一邊工作一邊帶小孩的女性們，聽到這首歌時，一定也會不自覺地點頭。所以，當媽媽們認為長時間處於不安狀態，會對親子關係產生負面影響時，就會向娘家的母親發送求救訊號。我也曾在孩子三歲時，因為難以兼顧職場工作與孩子的教養，向我的母親提出請求，我們住在一起已經邁入第六年。然而，作為女兒的我們，心地還真是狡猾，韓國成語用「如廁二心」[4]來指人心的變化，俗話說的果然一點也沒錯。遇到困難時，女兒們只會著急地想立刻尋求母親協助，最後卻因為母親過時的育兒方式，每天與母親唇槍舌戰。

「我說了副食品要買有機認證的」

「媽，孩子放學後，先看一下他的作業」

「媽，別再讓孩子看電視了！」

孩子和自己的外婆坐在沙發上，從一大早的晨間連續劇，一直到迷你影集，死命地盯著電視螢幕，母親完全不理會電視節目的分級制度。當時我真想將客廳裡的電視撤走，但又想到對於答應要照顧孩子的母親而言，這似乎等同於剝奪她唯一的樂趣，我實在不忍心，只好克制自己緊張的情緒，試著忍耐。

不過，我似乎也不是只有在這種情況下感到不安與不滿，相反地，當我希望小孩快樂地成長，不想讓小孩的生活被補習班的課程所塞滿時，我的母親會質問我：你是不是想讓小孩變傻瓜，這麼競爭的環境下應該讓孩子學好英文，為什麼不讓孩子上補習班」，像這樣執著於孫子、孫女的教育方式，在一旁下指導棋。

然而，在這樣的情況下，其實存在著兩位母親。一位是忙於工作，沒有多餘時間陪伴孩子，總是心懷愧疚像個罪人的母親；另一位，則是沒有充裕的經濟條件讓女兒唸書，內心充滿悔恨與遺憾的母親。在這之中，似乎沒有辦法斷定哪一位才是好媽媽。而此時，我們應該更看重哪一個面向呢？答案就是本質，也就是，媽媽想為子女付出卻又無法完全做到，總是充滿內疚的那一份心情，如此一來，媽媽和外婆兩個女性角色才能看見彼此。

首先，當發生看不慣的事情時，先別設法要求對方停止一切的行為，如果能再思考一次「為什麼？為什麼要說那種話？這個行為的動機背後，反應出什麼樣的匱乏感？」彼此就能產生共鳴、建立連結。

接下來，避免使用「不可以、不要、叫你去~」等指責與強迫，要求對方停止動作，而是用「試試看…好嗎？」、「你可以幫我做…嗎？」之類的請求用語，以這樣的方式幫助對方，讓對方做出改變。

4 韓國四字成語的「如廁二心」，字面上的意思是指一個人進入廁所前和如廁之後的態度不一，用來比喻一個人有急事需要拜託他人時是一個態度，事情解決之後又是另一個態度。

「我擔心孩子的視力會越來越差，所以看電視的時候，能不能幫我提醒孩子？」

「最近市面上的食品讓人沒辦法放心，把這個換成有機食品應該很不錯，妳覺得呢？」

「孩子在家老是盯著電視螢幕，我管不動了，把孩子送去補習班，妳覺得怎麼樣？」

如果一直以這樣的方式對話，相信外婆出於對孫子的擔心，也會認真地傾聽女兒的建議。只要相信「充分地接受，欣然地行動」，這一切就有可能發生。

第3章

當媽媽留在黑暗的記憶深處時

電影序幕

我的不幸都是因為媽媽

——引用自電視劇《我親愛的朋友們》

二〇一六年韓國電視頻道播出一部電視劇《我親愛的朋友們》，當時看這部劇時，我哭了好幾次。那些在我心中一直想否認、認為身為一個女兒不應該對母親懷有的鄙視心態，總會透過主角在每一集裡的臺詞，毫無保留地暴露出來，「原來你這麼卑鄙！」這句話就這樣扎進了我的內心。卑鄙在辭典裡的定義，是指一個人的所作所為或品行卑賤拙劣，我自認為自己從來不曾在品格或行為上表現出如此毫不掩飾的野蠻態度，所以「卑鄙」這個詞彙帶給我的衝擊才會如此強大。

劇中述說著，有位婦女和丈夫離婚後獨自一個人經營餐館，一邊扶養女兒朴莞。

或許對朴莞媽媽而言，藉由女兒來補償自己受苦受累的人生，是理所當然的事。朴莞也因為理解母親的心情，所以總是當個服從孝順的乖孩子，照著母親的意思一路長大成人。

朴莞長大後搬離家裡，獨自一人到外面生活，媽媽卻經常一聲招呼也不打地跑到她家裡管東管西，把她的生活弄得一團糟。對於母親這樣的行為相當反感的朴莞，終於對母親發出了怒火。

從來不曾違抗自己的女兒，親口說出無法忍受母親的干涉與控制，想要擺脫這種生活、重新獲得自由，甚至認為母親是個現實的人，這一切的行為都讓朴莞媽媽覺得無比荒謬。母女兩人放任彼此的憤怒和委屈不斷高漲，最後不僅用指責對方的方式來為自己辯解，甚至使用對錯二分法合理化自身立場，毫不猶豫地做出鄙視、否定對方人生的態度。

不知不覺中，母親在女兒朴莞身上所投映出的母愛，讓朴莞感到吃力，難以負荷。母親的話像一根刺不停地往心裡鑽，無法忽視也難以拔除。終於，朴莞對於母親的厭惡感，一發不可收拾地傾洩而出。想脫離母親卻始終失敗的女兒，以及不希望女兒步上自己的後塵，卻絲毫沒有意識到自己的期待和好意變成一種毒藥的母親，母女兩人不停地在對方的傷口上灑鹽。

當我們對某個人的話語或行為反感，甚至越來越厭惡時，實際上是因為我們透過對方感受到了自己在心中亟欲排斥或忽視的心理陰影，也就是個體擁有的另一個負面面向。

朴莞是一個渴望主導人生的女性，她希望過上比任何人都獨立、隨心所欲的生活，追求人們常說的「活在當下、及時行樂」的人生態度。然而，媽媽二十四小時的工作模樣反而和朴莞相反，在朴莞眼中，媽媽就像個跟在金錢後面跑的勢利鬼，完全不懂得掌握自己的人生，只是個一味把期待加諸在女兒身上，試圖從中得到補償，只會依賴別人的人。

那些朴莞認為庸碌無能、活得最可悲的人當中，母親是其中一個。所以，她想無視母親的存在，裝作若無其事地生活下去。對朴莞來說，和別人建立連結、把期待建立在對方身上是一種束縛，也是不健康的關係。但她不知道的是，**如果母女之間能夠發展至成熟的互相依賴階段，形成合作關係的話，對彼此的期待就能在一來一往的表達與接納中，產生交流，而不是兩人之中非得有一方受到控制或束縛。**

我現在還能清楚地記得，飾演朴莞媽媽和朴莞兩位演員的表情和聲調。朴莞看到媽媽儘管進入人生的倒數階段，仍然二十四小時沒日沒夜工作的模樣，忽然一陣悲傷湧上心頭，憤怒的感受取代了擔心和關心，激動地朝著母親發洩怒火。

此時，出現了一段朴莞的內心獨白，她對於自己拋棄了因車禍而半身不遂的戀人，一直抱持著深深的罪惡感，但她沒有信心和一個身障者一起生活。因為一旦坦白地說出想拋棄對方，自己好像就會變成一個現實之人似的，所以朴莞選擇了自我防禦，找個人來怪罪，與其說是在自己的意志下做出的決定，其實是因為母親的緣故，才不得不做出的選擇與分手。朴莞無法原諒拋棄另一半的自己，但承認一切都是自己的錯，又令她難以負荷，所以只想找個人來怪罪或當作藉口，而那個人就是最好欺負的母親。

許多人也像劇中的朴莞一樣，在成長過程中沒有享受應有的權利，總認為是被他人奪走幸福或有人從中破壞她的人生，而他們所選擇的溝通方式是「責備」，有時甚至也會啟動如戰士般的防禦機制，認為當下不符合自己期待的狀況，都是別人的錯。然而，我們必須了解的是，他們表現出的責備態度，其背後所代表的內在情感經驗，其實是害怕「我好孤單」、「我是個失敗者」，這一類在他人的疏離或拒絕下產生的感受。

實際上，面對關係中產生的問題，沒有比怪罪對方更輕鬆的事了。因為開口說出「還不都是你！」的那一瞬間，自己就能從問題當中脫身。但是，「怪罪」並不能解決任何問題，只有當彼此都能停止將矛頭指向對方時，才算是真正的解脫。

01 遭受家人差別待遇的時候

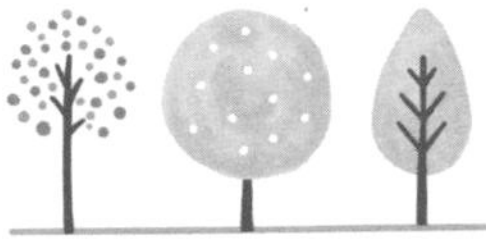

「我們家有三兄妹，媽媽叫哥哥的時候，都會說『兒子』啊；叫妹妹的時候，就叫小名『福鼻』。我偶爾也會想，要是媽媽叫我的時候，也能叫綽號就好了，因為不管是以前還是現在，媽媽就只會叫我身分證上的名字，雖然這只是一件小事，但我好像一直以來都很羨慕哥哥和妹妹。」

已經是中年人的恩美，即便是現在，也還是想得到被哥哥和妹妹奪走的母愛。也因為媽媽從來沒有以小名叫過恩美，所以她總是特別嚮往電視中對子女無比溫柔、待人隨和又溫暖的母親。在現實生活中的母親，是一個會對著生病失去胃口的孩子，冷漠地說出「不想吃就別吃！真倒人胃口」這種刻薄、責備的話。

母親的這種冷眼對待，並不是最近才突然發生的事。成長過程中，恩美就算沒有做錯事，也會平白無故受到牽連，哥哥犯了錯，自己也會一併被處罰；妹妹做錯事，她也會跟著被教訓一頓，恩美認為自己就是個永遠被掛在一旁的出氣沙包。

被母親用這樣方式對待的恩美，用「代罪羔羊」來形容自己在家裡的角色。母親加諸在身上的精神虐待，變成未解的心結，在恩美的心中留下一道課題。加上小時候的恐懼、不安等各種情緒，長久下來沒有得到排解，讓怒火所帶來憤怒感更加蔓延，這讓恩美在成長的過程中，會用相同的情感模式與他人建立關係，例如當對方傳遞出非善意信號（無視自己的意見、帶著冷淡的表情或語氣，以及責備自己的人等等）時，就會被她視為和母親是相同的人。

成長過程中，母親總是對女兒不滿意，在這種狀況下建立的母女關係，經常會搞砸成年女兒適應社會的能力。在其他人的眼裡，這些傷痕累累的女兒看起來龜毛挑剔、難以親近；在人際關係裡，一旦發現對方可能會離開或者拒絕自己時，強大的不安感就會襲來，使她們會以更強烈、果斷的方式結束關係。

這正是因為她們在遇到壓力時，比起用正面的情緒適應環境，反而更習慣處於焦慮憤怒、敵對、挫折、被剝奪的心理狀態中。由於不曾體會過被同理與無條件支持，所以在二十歲初期，當自我和社會之間的關係出現變化時，只會感到害怕與排斥，在團體裡被認為是頭痛人物。

同樣地，渴望著媽媽能用小名叫自己的恩美，在經歷二十歲初期的大學和職場生活時，也不那麼快樂，人際關係的維持也格外地困擾著她。一旦有了喜歡的對象，恩美就會變得相當執著；相反地，只要是不喜歡的對象喜歡自己，恩美便會堅決抵抗，無情地拒絕對方，維持著極端的人際往來模式。雖然不能百分之百將恩美的狀況歸咎於和母親之間的關係，但母親曾經作為與恩美關係最緊密的人，可以猜想母親的影響肯定非常大。即便如此，恩美的母親並不是那種喜歡用批評或斥責的方式來維持家庭秩序的人。對於恩美的哥哥和妹妹而言，母親絕對是極盡包容、溫暖慈愛的。

有次碰面時，我問恩美：「如果當時媽媽能像以前對待哥哥、妹妹那樣，用同樣的方式對待妳，妳會有什麼感受呢？」

「如果能那樣的話，也許我在人際關係上就不會那麼緊張了。」恩美毫不遲疑地回答。

對待哥哥和妹妹時，恩美的媽媽心中總是感到愧疚，對孩子充滿憐愛，但面對恩美時，卻經常大聲訓斥。一想到媽媽，恩美的內心就會浮出「該不會又要挨罵吧？」這一類充滿緊張和恐懼的想法。在恩美的記憶裡，母親是個讓自己變得緊張兮兮、經常自我責備的人，而她也從來沒有得到母親的讚美。

我好奇恩美是否曾經試圖做出反抗？恩美告訴我，她曾經試著將心裡的想法讓母親知道，從二十四歲開始工作後，每個月會把薪水交給母親保管，直到三十歲那一年，她要求母親將這段期間以來的薪資存摺交給自己，然而母親卻沒有這麼做，當她向母親詢問原因，得到的卻只有責備和怒火，一句好聽話也沒有。

恩美只能再一次地失望，陷入挫折。在成為大人以前，對於母親的冷眼對待，恩美試著理解成母親是為了協調家中的各種情況，不得不採取較強硬、嚴格的方式來管教子女，並努力說服自己接受這個理由。然而，在恩美長大之後，母親一貫的差別待遇，更令她無所適從，她只好全面回收對別人的信任。在這種情況下長大，接著進入社會的恩美，對於人際關係也變得不抱任何期待，她認為那只不過是每個人站在各自的立場上，權衡利弊的過程而已。

安全依附關係，才是孩子未來情緒發展關鍵

「我是個連這種事都做不好的小孩。」

「我是個沒出息的女兒。」

「我對媽媽而言，一點用都沒有。」

「在這個世界上，絕對沒有人能夠理解我、接納我的全部。」

「人本來就是獨來獨往的。」

「每個人都是虛情假意、只會替自己著想的自私鬼。」

親子之間的依附關係，不僅限於嬰幼兒時期，而是需要經歷一輩子的時間慢慢發展。尤其，母女間的依附關係更為重要，在韓國家庭裡，情感關係感覺以女性為主，並具有持久的影響力。有各種研究結果顯示，母女依附關係會對個人感知與行為產生影響，「母女間的依附關係會影響女兒的心理韌性」的研究，似乎已經成為無法懷疑的事實。恩美兒時透過與媽媽的情感交流，所建立的「內在運作模式」（internal working model），讓她認定自己是個沒有價值、無法得到愛、無法相信他人的人。

或許正值中年的恩美，即便是現在，也想重新梳理自己和母親之間的裂痕，或者同理並接納這些逐漸變質、讓人厭煩的關係。恩美就像抓著繩子的一端，焦急地等待著母親能抓住另一端，令人心疼。幸好，現在的恩美身邊有朋友、同事和伴侶，能夠代替母親為她完成這件事。

假如二十多歲才剛成為大人的恩美，努力地想和母親分開、完成自我獨立的那個時候，她能夠知道自己不是孤單一人的話，現在會如何呢？我們不知道答案，但我們可以做的是練習放下。當我們認為已經無法再對母親的愛抱持著期待時，比起執著於母女關係，我們更需要做的是抱持「這樣就夠了」、「你真的辛苦了」的心態慢慢地放下自己的期待，接受現實。另外，如果當事人能將心力轉移到母親以外的其他人身上，心裡那面因為母親而破碎的鏡子，或許才能重新發揮功用。因此，我們也要試著學習轉念。

「父母，特別是母親，往往是帶來許多傷害的人。」——英國發展心理學家　約翰・鮑比（John Bowlby），一九八八約翰・鮑比透過他的依附理論研究，主張在一般的情況下，母親是孩子最重要的保護者。雖然有例外，但普遍而言，依附關係中存在著位階：最上位者是母親，接著是父親，再來是祖父母，最後則是兄弟姊妹，以這樣的順序形成階層分布。女兒只有在成年後，才會發現自己經常思念母親的懷抱，以及自己被硬生生趕出母親懷中的事實，而在體會到自己躺在母親懷裡的權利被剝奪之前，現實的社會早已張開雙手等待著她們的到來，並要求她們，成為了大人就必須靠自己生活，把壓抑內心情感、死命地撐下去才是一種美德。

有一次，我坐在位於濟州島的一家小咖啡廳裡寫作，寫到一半，我不自覺的將目光移到窗外遙遠的海洋。當時，窗口望出去的海洋包圍著小船。湛藍的茫茫大海，緊緊地擁抱著悠然浮在海面上的白色小船。我心想：和諧的母女關係，大概就像這樣吧？母親的懷抱應該像大海一樣，靜靜地孕育著女兒的明天，在海風的吹拂下，輕輕地鬆開手，讓孩子順著海流緩緩地前進。當我們回想起母女關係時，應該要像一幅自然的海景圖一樣，海洋既不會將小船擁得太緊，也不會放任船隻只依靠海風，孤單地在海上漂浮。

心理學技巧——

內在運作模式

根據約翰．鮑比的論點，成長過程中的孩子與依附對象交流時，會以重複出現的互動情感經驗作為基礎，建立對待自我以及他人的一連串模式。孩子的依附行為主要在幼年初期形成，可以分為安全型、不安全型：

- **安全型依附：**孩子會認為家長能夠給予適當的反應，總是充滿關愛、是值得信任的人，並認為自己是值得受到喜愛與關注的個體，同時將這些認知以內在運作模式儲存起來。
- **不安全型依附：**孩子會認為世界充滿危險，把他人當作需要防備留心的對象，也對自己抱持著不值得被愛、一無是處的負面認知。

雖然像這樣在孩子與父母之間的依附行為，通常在孩子的幼年期形成，但一般而言，不斷累積而來的內在運作模式，會對人生中所有的人際關係帶來影響，同時也會影響個人對於內在的世界觀，也就是情緒（情感、感受、思考與行為的傾向）的認知。不僅如此，內在運作模式也能使個人在感受他人的言語、行為與態度時，判斷出「原來我是～的人」，或者設下對於自我的評價標準，並界定出價值的範圍。女兒與媽媽之間情感的互動，往往會成為女兒內心正面或負面世界觀的重要支柱。

02 都是因爲一路辛苦走來的母親

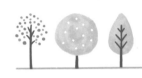

「我不常回娘家，因為只要一回娘家，就會經常和姊姊們吵架，鬧得不歡而散，最後讓母親在女兒之間為難。我以後不要活得像母親一樣，或者應該說，我沒辦法像母親那樣活著。」

秀京告訴我，她的母親今年剛滿七十歲，在四個女兒中，她特別疼愛大女兒。排行老么的秀京在二歲時，家裡發生了火災，在那之後，母親為了治療身上的燒燙傷，必須反覆地住院。然而，火災發生的那年，大姊正處於十五歲的青春期，比起母親所受的折磨，大姊反而埋怨自己因為母親的緣故，無法享受應有的人生，而母親也因為比任何人都明白大姊的想法，所以對大姊特別關愛。

大姊總認為母親沒有在自己最需要時陪伴在身邊，在這樣內心匱乏的心態下，度過了年少的叛逆期，後來在很年輕的時候就步入婚姻，但在丈夫的家暴與外遇下，不斷地經歷分分合合。母親總認為自己是造成大姊人生不順遂的原因，把自己當成罪人。但不曉得是幸運還是不幸，當時秀京的年紀還小，無法仔細地回想起那時的記憶。

不過，秀京腦海中的母親，總是一副畏畏縮縮的樣子，和她臉部、身上那些皺巴巴的燒燙傷疤痕一樣，而火苗也將母親的內心燒得一片焦黑。漸漸地，母親與外界隔絕，要求秀京認真讀書、好好度過學校生活，同時也特別交代女兒不能被選為班長，因為身為班長的母親，可能會需要經常出席學校活動，母親不想帶著傷疤的模樣出現在他人面前。所以，秀京在求學過程中，雖然也想試著選班長，代表班上做一些事，卻默默選擇放棄，所以秀京或多或少能夠明白母親想為子女付出愛，卻無法全心全意地給予，最後只能打消念頭的心境。一想起那時，秀京依然非常心痛，喉嚨湧上一陣灼熱。

直到現在已經七十多歲的年邁母親，仍然操心著三個姊姊的孩子們、貢獻自己的人生。母親一味地將姊姊們的家庭失和，以及婚姻生活不順遂的原因都歸咎於自己，常常向女兒們訴說自己的懊悔。

秀京說，不管是母親的牢騷也好，姊姊們互相怪罪、心懷不滿的抱怨也好，她再也不想聽見，也盡量避免出現在娘家的家人們聚集的場合。

媽媽經常勸導出嫁女兒中，唯一還擁有完整婚姻的秀京說：

「你絕對不能做錯事，一定要忍耐著撐下去，好好過日子。」

「媽媽只能指望你了！媽媽只為了你而活。」

「在婆家要好好表現，一定要照金女婿說的去做。」

年邁母親忐忑不安的心境，讓秀京非常心疼，但有時也氣到快要發瘋，不過她依然無法拒絕母親懇切的請求，因為她比任何人都知道，這對於母親有多麼重要。所以，她開始隱藏自己的真正想法，沒辦法詳實地告訴丈夫關於母親和姊姊們的狀況。因為娘家複雜的種種經歷，對於像教科書式一樣完美的夫家環境而言，只是個反面教材。雖然對於婚姻生活沒有什麼不滿，但不論是與丈夫的關係或是教育子女上，面對愉快以外的負面情緒，像是難過、憤怒等等，秀京都難以傾訴。她無法承受那些一觸即發的衝突，還有她心裡的不適感。秀京只是像母親耳提面命的那樣隱忍著。

現在婚姻生活的許多面向，只讓秀京感到恐懼與焦慮。無法忠於內心的想法，也意味著秀京依然沒有克服現況的力量，也因為難以回到從前的狀態，秀京乾脆用壓抑或逃避的方式面對，因為只有在這個時候，她才能鬆一口氣。

在他人眼中，秀京擁有許多足以稱上幸福生活的要素，她的家庭不僅有溫暖和藹的丈夫和可愛的子女，還有願意分擔育兒工作的婆婆和衣食無虞的經濟條件。但秀京卻感受到許多危機感，因為認定娘家和夫家相較之下存在著許多不足，她覺得只要自己一暴露這樣的想法，似乎就會淪為像姊姊們那樣，過著不斷發生爭執的日子，而姊姊們的行為也讓秀京感到羞恥。

秀京說，她在求學時期，只要拿到優秀的成績，母親就會高興得不得了，她還記得母親當時燦爛的笑容，所以無論如何，秀京都想讓母親重新找回從前的笑聲。就這樣，母親的叮嚀變成了與秀京自身意志無關的「心理內投」（Introjection，對自身行為與思考造成負面影響的行為方式與價值觀），奪走了秀京表達情感的自由。因此，秀京說不定是因為明白自己無法像母親一樣，咬緊牙關一路撐過來，所以才能說出自己絕對不要活得像母親一樣。

如今，秀京應該要明白的是，自己產生的各種感受，並不能置之不理、假裝若無其事。秀京不得不認同，只有自己先變得幸福，極力想守護的家庭和孩子才能獲得幸福。母親和自己的情感，一直以來被視為一體，現在也是時候必須慢慢地將兩者分開看待，即便過程會有點辛苦。

女兒不是媽媽的分身，無法複製媽媽的人生

媽媽無條件的犧牲和咬牙硬撐的方式，不再被視為是偉大的母愛。所以，無法活得像母親一樣的這句話，不僅是貶低了母親的犧牲，同時也說明了女兒沒有信心能夠承受這一切。當母親說著「我為了你們犧牲、放棄了多少東西而活到現在」，將來女兒長大時也會將同一句話奉還給母親。

「有人逼你過這樣的生活嗎？拜託別再這麼活了！」

正值中年或老年的母親，聽到這樣的話一定會很傷心，甚至感到痛心，這是可以

想見的。但是，我們必須將女兒說的話完整地聽完。那個時代的媽媽們相信，只有概括承受如同宿命一般的苦命人生，才是女人最好的選擇，並且用這種方式一路走過來。如今女兒要求母親別再以這種方式過日子，不全然是出自於擔心，或是為母親設想，其中還隱藏著女兒的意志：

「別要求我活得像妳一樣，我要為了自己的夢想而活，不為了別人白白犧牲自己的人生。我會過得比媽媽更幸福！」

女兒不單單只是一味地責備與蔑視母親，質問母親為了什麼像個傻子一樣活著，成年的女兒比任何人都更能與母親產生情感連結；並不是因為女兒已經脫離母親的懷抱長大成人，才能說出這些話，而是因為女兒在一旁，最能清楚看見母親經歷了充滿痛苦的人生歷程。

母女之間的連結，是一種不斷反覆用力拉近彼此距離和疏遠對方，互相看著對方而活的關係。媽媽也希望女兒能過上和自己截然不同的人生，雖然並不是每位母親都是如此，在那個時代也有過著幸福生活的媽媽們。可是，那又如何呢？那個時代媽媽們的內在運作模式，是比他人更先做出讓步或者放棄，無條件地犧牲與奉獻。說不定，媽媽們也不曾想過將這種負面的內在運作模式傳給後代，但卻在不知不覺中強加在子女身上。媽媽們在重男輕女的社會框架下被逼得喘不過氣，好不容易撐過了艱辛的歲月，卻又再次將自己所遭遇的痛苦人生，硬生生套在與自己相似的女兒身上。

我們認為母女關係是將彼此視為一體，在對方身上投射出自身慾望的一種常見例子。但是，**女兒並不是媽媽的所有物，不能再活一次屬於母親的人生**。要求女兒一定要過得幸福的那些話，是否不小心在不知不覺中直接轉化成心理內投，強迫女兒習慣壓抑情緒與忍耐，這是身為女兒，同時也是媽媽的我們，應該重新檢視的問題。

心理學技巧——

心理內投機制

成長的過程中，我們會在經歷許多角色與環境的過程中，區分出自己需要或者不需要的東西，然後接納它們。然而，當選擇的自由受到扮演權威角色的父母或老師阻止時，幼小柔弱的孩子們將會不帶一絲懷疑和反抗，把家長或老師的行為或價值觀當成絕對的真理，盲目地全盤接受。

此時，個人的主觀思考與判斷，將會被排除在外，未經批判而接納的規定不僅無法完全地自我內化，還會透過行為或價值觀在個人的舉止與思考方式上帶來負面影響，這就稱為「心理內投」。個人會在心理內投的作用下，發展出固定的適應不良行為模式，變成一種出於習慣與下意識的舉止，不斷反覆。

如此一來，個體在不同的狀況下，將無法根據當下自己的各種需求，而是按照在心理內投機制作用下產生的命令採取行動，同時把它視為自己的人生，繼續維持生活。舉例來說，過度心理內投父母的價值觀或社會道德標準，會讓個體誤以為那是自身的理念，然後根據在心理內投下產生的規則或道德上的命令做出行動。然而，面對令人不悅或不正當的事件時應採取的攻擊行為，將會轉向自己，變成自我折磨，又或者投射到外部世界，出現過度偏執的恐懼。

「女人就是要勤勞」這句媽媽的教誨，讓超過五十歲以上的女兒們，不論到任何場所，一定會自動自發地起身，開始做起身旁的瑣碎雜事。當自己的辛苦不受他人肯定時，她們身上的疲憊與不愉快的情緒，將會達到高峰。儘管如此，她們依然會不動聲色地默默隱忍，在一些根本不覺得開心的事情上強顏歡笑。個人的言語和行為，無法被另一個人所擁有，只有當自己能做出選擇，並為此負起責任，這些準則與價值觀才能內化成為一部分的自我。

鍛鍊心智的祕訣——

辨別真實的情緒信號

哲學家聖奧古斯丁（St. Augustine）認為世界上最古老、最明確也值得信賴的真理就是「我們不僅想要幸福，還想要只擁有幸福，這就是人的天性。」我們果真如同這句真理所言，每個人都為了變得更加幸福而吃飯、維持人際往來、運動、學習進修，對吧？那麼，要如何察覺我的人生方向並不是朝著幸福，而是往反方向前進呢？這時，我們必須仰賴感知所傳遞出的情緒信號。專家曾說過，為了察覺每個當下，我們一定要正確地辨別每個瞬間感受到的情緒。那麼，如何辨別真實的情緒信號呢？

有一部叫作《駭客任務》的電影，就算沒有看過這部電影的人，也一定或多或少在某個地方見過這部電影裡的某個場景。主角尼歐（基努李維）以慢動作的方式向後彎腰，閃過史密斯探員射來的子彈。原先以超高速飛向尼歐的子彈，在畫面上看起來變得無比緩慢。我看著這部電影，突然覺得我們日常生活的流逝，就像這顆子彈一樣，快速地一晃而過，準確來說，是被我們快速地略過才對。我也曾試著在某一天回想自己如何度過一整天，有時腦海中只浮現早上起床和睡前躺在床上的畫面。物理上的時間和空間以正常的速度轉動，而我在精神層面上所感受到的，只屬於我個人的空間與時間，卻運轉得更加快速；然而，這就好比開著一台煞車失靈的車，隨時都有可能陷入危險。

沒有休息，只是不停地一直奔跑，結果會如何？心理學有個現象稱為「原地打轉」（德文：Ringwanderung），指的是一個人的眼睛被遮住，或者在如沙漠一般四周都是相同景色的地方行走時，無法以直線前進，一點一點地迷失方向感，在同一個地方不停打轉；然而，只要在每走一〇〇公尺之後，暫時停在原地，就能擺脫這種狀態。在人生的隧道裡，為了確認自己是否正朝著光線前進，我們需要一套能夠暫時停下的煞車系統，而這套煞車系統就是情緒信號，我們必須靜下心，辨別當下真實的情緒。

「原來我現在非常生氣！」

「沒想到我因為媽媽說的話皺起眉頭，原來那句話讓我覺得不舒服！」

「原來我看不慣女兒的態度！原來我擔心那孩子！」

「沒想到他開朗地對我笑，讓我心裡變得踏實，也舒緩了緊張感。我現在非常安心。」

我們應該盡可能將情緒分成「高興、悲傷、憤怒、憂鬱、羞恥」，甚至是感受的強度（0～100），仔細地察覺情緒，這樣察覺出的情緒信號，就能順利地啟動原本故障的煞車系統。

最近女兒要到一家安養院進行魔術表演，但在公演的前一天晚上，她緊張得睡不著覺。因為擔心孩子過度緊張反而會造成反效果，所以我得立即採取行動，進一步更仔細地確認她的情緒。

「荷允這麼緊張啊？從0分到100分，荷允緊張的程度有幾分呢？」

孩子回答：「大約有50。」

接著，我需要更準確地了解情緒的種類。

慶幸的是，孩子對我說：「媽媽，緊張好像也滿有趣的，我也覺得很興奮，但是太緊張了。」

孩子感受到的緊張，比起充滿害怕恐懼，更多的反而是期待和興奮。如果是前者，我認為女兒即使不參加表演也沒有關係，只要讓女兒緩解緊張的情緒，安心入睡就行了！但因為女兒屬於後者，所以我必須協助女兒，讓她能夠學會處理自己的情緒。

像這樣，先讓孩子察覺自己真實的情緒，然後為了讓女兒不再過度緊張，我告訴她：「不需要努力表現到最好也沒有關係，失誤了也沒關係，做錯了也無所謂。只要荷允到安養院表演，爺爺奶奶們一定會很開心，覺得很幸福！就像練習時那樣表演就好，一直到表演結束為止，媽媽都會在身邊陪妳。」

直到那時，女兒的呼吸才穩定下來，感到舒適。因此，當我們對於母親的責備與抱怨越來越強烈時，比起逃避或壓抑當下的感受，像我和女兒一樣，察覺真實的情緒反而更為重要。

03 長期不安的媽媽與焦慮的女兒

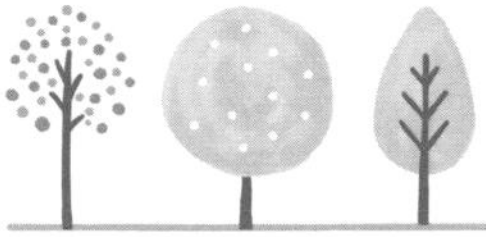

「藏好囉，不要露出頭髮喔！我數到20。1、2、3、4⋯15、16⋯⋯」

偶爾我會和孩子在家裡玩捉迷藏，尤其是數到15的時候，只要超過了這個數字，緊張感就會開始飆升。開始當鬼捉人的女兒，腳步聲漸漸地傳向我的躲藏處，我不自覺地屏住呼吸，再一次用盡全力地蜷縮著身軀，無論是頭髮甚至是影子，絕對不能被鬼發現。為了順利躲進比自己的體型還要小的狹窄空間，有時還必須使勁把身體縮成一團，通常得在這樣的狀態下待好一陣子。被鬼發現之後才能重新站起來，我不自覺地伸了伸懶腰，想著必須舒展一下筋骨才行。

玩捉迷藏時，總能感受到渾身的緊張

感，伴隨著身體的緊繃感。然而，我們所經歷的人生絕對不是捉迷藏，我們無法一輩子繃緊神經，使勁地蜷縮著身體活下去。

平常談到媽媽時，女兒宣美話中總會充滿憐憫與不捨，但最近一談及媽媽，卻充滿厭惡感，眼淚還撲簌簌地流個不停。接下來我要說說宣美的故事。

「媽媽對自己的婚姻充滿後悔，因為爸爸頻繁的家暴行為和外遇，最後他們離了婚，從那之後一直到現在，媽媽把對於爸爸的憤怒和怨恨轉移到其他男性身上。媽媽雖然不反對我談戀愛和結婚，但只要我一帶男朋友回家，她就會開始懷疑對方，即使是一個小舉動，她都會放大檢視。『你真的非常瞭解×××這個人了嗎？』、『媽媽認為他也有暴力傾向』、『交往不代表就會結婚，結婚之後也不表示就會白頭偕老，反正總有一天會分開』、『一旦發現可疑的行為，絕對不要猶豫，趕快分手！』對於我以結婚為前提交往的對象，媽媽每天都會說出這些話。

一開始我以為她是出於擔心才會說這些話，所以並沒有特別在意，但因為次數太過頻繁，我突然想到，或許是因為媽媽還沒脫離對爸爸的被害意識。儘管交往對象也會好奇父母離婚的原因，但我始終不願意提起，擔心只要說出口，對方就會離開我。我也因為擔心媽媽喝醉酒後，在大庭廣眾下大肆地抱怨爸爸，所以只要家族的成員聚在一起，我就會焦慮得全身緊繃，真的好累。」

宣美覺得最近的生活非常幸福，而這僅限於母親不在的時候，只要母親一出現，就會開始評論她未來的婚姻生活，甚至還告訴宣美離婚的方法。宣美媽媽的狀態與慢性焦慮非常類似，也就是心情一直無法舒坦，總是處於提心吊膽的狀態，這大概就像我和孩子在玩捉迷藏時，在某個瞬間感受到的全身緊繃差不多，因為宣美的媽媽對於尚未到來的假設對象及情況抱持著恐懼感。

對焦到正面情緒上，脫離焦慮情緒視角

根據莫瑞．鮑文（Murray Bowen）的主張，他認為這種慢性焦慮並不是當下所處

的環境所導致，大多是從成長過程中學習而來。可以猜想，宣美媽媽的婚姻生活，是在一天天反覆地學習焦慮與緊張下度過。宣美說，她的外婆在過世前，曾親口說過她非常感謝宣美能夠守護媽媽，也一直後悔自己沒能阻止媽媽的婚事。當時宣美的媽媽即使遭到丈夫毒打仍然無法離開，堅持仰賴著丈夫，用盡全力地努力維持婚姻。其實，宣美媽媽的娘家並不富裕，外婆是外公的第二任妻子，阿姨和舅舅的婚姻生活也不那麼順遂，所以宣美的父親對於母親家的家境狀況總是冷嘲熱諷。對於宣美的母親來說，或許這就是讓她一直無法離開丈夫、重新獲得自由的枷鎖。

當宣美的媽媽再也無法承受丈夫的暴力相向時，就會離家出走，只要一離開，大約經過一個月才會回家，這時候宣美和爸爸就會到處尋找媽媽。有一次，宣美的媽媽又受到嚴重的毒打，再度離家出走，但不同於以往，這次過了兩個月依然毫無音訊。這時父親載著宣美，開始尋找母親的下落，當時車子開得又急又猛，車速快到「如果翻覆，大概都會死掉」的程度。那時，宣美媽媽躲避丈夫的藏身之地幾乎都是外婆家，這樣的捉迷藏遊戲豈不是太沒有挑戰性了嗎？宣美的媽媽最終一定會被凶狠的鬼活生生逮住。

宣美告訴我，只要一想到母親為了不被發現，蜷縮著身體的模樣，她就會無比心疼。理智消失殆盡的父親，命令宣美在母親從外婆家出來以前，必須待在原地，不准亂動。即使經過了二十年，宣美仍然能清楚地回想起那天的恐懼。一個年幼的孩子跪在寒冷冬季裡結冰的光禿地面上，對著外婆說：「外婆，請把媽媽送回來」一遍又一遍地苦苦哀求。

宣美說，有次她看了日本電影《菊次郎之夏》，那部電影讓她不自覺地回想起那個冬天，跪在結冰的地面上，不停搓著兩隻手苦苦哀求的自己，她看著那部無厘頭的喜劇，眼淚卻像瀑布一樣不斷地流。宣美有時也會想，成長過程中似乎因為母親的緣故，自己一直無法得到幸福，不滿的情緒總有一天會徹底爆發。那是長時間以來累積的各種情感，瞬間糾結在一起，有如血管裡的血栓一樣，轉變成威脅身體健康的毒藥。

因為慢性焦慮而不幸福的母親，以及在這樣的母親身邊感到不安的女兒，假如這

1 隧道視野（Tunnel Vision）是指人在面對壓力或焦慮的環境下，只會專注在眼前的事件上，無法顧及全局，就像處在隧道中視野受到侷限一樣，最終做出不理想的決策。

對母女之間的相處能更自在該有多好？緊張的心理狀態屏蔽在我們周圍、屏蔽了存在於這個世界的萬物，我們習慣只看想看見的。就好比處在充滿壓力的環境下對於情緒的感受與認知，比起留意正面的情緒，我們往往習慣關注負面的情緒；又或者，就像在四周屏蔽的隧道裡跑步，無法脫離狹窄的視野，陷入隧道視野[1]（Tunnel Vision）的狀態一樣。

我們必須脫離過去焦慮的情緒視角，開始觀察、感受周遭的環境。人生無法按照計畫進行，也許正因為我們的每一天都像是練習，所以才需要對自己說「失誤也沒關係」、「犯錯也無所謂」學著善待自己，同時抱持著「這不只發生在我身上」、「誰都可能遇到這種事」的想法，認定這是普遍的人性，最後我們也需要透過正念訓練來察覺真實的自我。

試著想像自己走在一條一百公尺的小路上，某個人從路的盡頭走來，當他開口詢問「你在看著什麼呢？」我們會怎麼回答呢？雖然意識到自己正走在一條林間小路上，但或許我們並不知道，自己究竟看著什麼而前進，那是因為我們的思緒並沒有在這個樹林裡，而在別處。走在樹林裡，如果一直把心思放在應該要處理的報告、發表的資料、孩子的作業、和友人的約會，以及到了超市應該買的東西等等，就沒辦法感受一路上為我盛開的不知名花草、鳥叫聲、森林中的綠葉所帶來的感動。試著將因為緊張和忙碌，無法仔細觀察而錯過的周遭環境，透過眼睛和耳朵，慢慢地一個一個珍藏起來，即便是內心充滿絕望的此時此刻，我們也能充分地從周圍得到許多感受，因為灑在身上的一道光線或一縷微風，有時會為我們帶來無與倫比的感動。

玩捉迷藏時，有時會碰到一種情況，那就是總會有人將自己藏得非常隱密，無論當鬼的人怎麼費盡心思地找，也沒辦法發現。我真心地希望宣美想掩蓋的那些傷心回憶，能夠藏得牢牢地，讓頭髮和影子都能不被發現，永遠隱蔽下去。同時，我也想告訴宣美，即使被觀察力極強的鬼發現，也不需要感到恐懼。

抱持著「沒錯，每個人都會有創傷，但那又如何？那道傷口現在已經是觸碰也不再感到疼痛的疤痕。我才不會被一道傷疤打倒」的想法，試著把停留在傷疤的視線，轉移到周圍功能依然完好無缺的部位吧！期望今後我們都能先看見，身體一直以來為自己做了多少努力。

心理學技巧——

妥善利用「自我疼惜」控制情緒

根據美國心理學家奈夫（Kristin Neff）所提出的主張，她認為自我疼惜能夠提升心靈上安定感與降低焦慮和不安、面對痛苦時能保持開放且具有彈性，以及在不逃避痛苦的情況下能減輕痛苦，誘發人們產生療癒自我的意願。

自我疼惜由「正念」、「善待自己」、「普遍人性」三個要素所組成。

1. **正念**（Mindfuless）：比起過度執著於痛苦的念頭或情感，不如作為一名觀察者，抽離當下的狀態，保持適當的距離，根據事實來理解現況。
2. **善待自己**（Self-kindness）：與其過度地自責，不如給自己多一點的寬容，試圖去了解自己。

3. **普遍人性（Common humanity）**：每個人所經歷的痛苦，並不只發生在特定個人身上，而是所有人都會經歷，是人類普遍經驗的一部分。

這三個要素，能讓每個人不過於情緒化地面對當下的負面經歷，或將注意力集中在次級情緒，並且能在心理上和當下的狀況維持一定的距離，讓內心多出一點空間。根據研究顯示，自我疼惜程度較高的人比起較低的人而言，感受到憂鬱、不安以及負面情緒的程度較低；與此同時，對於幸福、樂觀以及內在動機水平則較高。

04 既親近卻又遙遠的媽媽

法國歌手卡洛迦羅（Galogero）所唱的《肖像》，在這首歌的音樂錄影帶裡，出現了這樣一段故事：「失去媽媽的少年，在極度思念母親的某一天，開始用粉蠟筆在地板上，一筆一筆地畫出媽媽的模樣。畫中的母親伸出手臂，讓少年能夠枕在上方，少年就這樣靜靜地枕著母親的胳膊，緊緊地被抱著，躺在畫中母親的懷裡。」

我和母親之間的關係並不是非常和諧，似乎是有跡可尋。上了高中之後，我到近郊的小城市展開我的求學生活，直到結婚之前，我和母親一直分開居住。也許因為這樣，我不得不培養出強大的獨立能力。即使是在全家必須總動員的高三備考期，我也在沒有母親幫忙打理日常的情況下，一邊過著寄宿生活，一邊上學，當然，學校生活所需要的所有事物都得自己準備。與父母分隔兩地居住時，父母親只負責供應我的基本日常所需，透過對我的無條件信賴，來取代對於女兒愛意的表現。

成年後回到家鄉時，我和媽媽共用一個房間，兩人會睡在一起。那個時候，媽媽有時會在半夢半醒之際，假裝翻身的（我當時覺得看起來是那樣）伸出手臂使勁地將我拉過去，緊緊地抱在懷裡，我並不討厭那個擁抱。平常我和母親並不會對著彼此說出「我愛你」這種令人難為情的話，所以當母親不發一語，藉由朦朧的睡意緊緊抱住我的那一瞬間，我覺得母親就像電視劇裡，慈愛、充滿溫暖母愛的媽媽一樣，我感到相當幸福。當下母親抱得非常緊，甚至會讓我喘不過氣來，但為了不讓努力表達愛意的母親感到失望，我會靜靜地承受母親的擁抱。

在結婚前夕，我無比懷念母親當時的擁抱，在那個晚上我強烈地感受到，好像只要過了明天，自己就會永遠離開母親的懷抱。很多電視劇或是電影場景裡，女兒在結婚前夕通常會和母親一起入睡。躺在床上，打算自己一個人睡覺的女兒，翻來覆去無法入睡，最後抱著枕頭走到母親的房間，踩著小碎步快速地溜進母親的懷中，然後盡情地哇哇大哭，大多都是這樣的畫面，這也是我最想親身經歷一次的場景。

但在我婚禮的前一天晚上，我和媽媽一來一往的對話內容，卻是「太過疲勞的話，妝會畫不上去，快睡吧！」以及「晚安！」這種簡短的叮嚀。因為母親必須在當天以主婚人身分，和婚禮賓客從老家一起搭車前往婚禮現場，所以我單身的最後一個晚上，就在已嫁為人妻的姊姊家裡度過。過了很久之後我才問母親，如果像一般母女一樣，在嫁過去夫家之前，待在同一個家裡，度過最後一個夜晚，母親會想對我說些什麼？母親回答：「還能說什麼？當然是希望妳好好生活啊。」

當時母親這麼回答。一個毫無新意又像極了母親的答覆。儘管如此，當電視劇中偶爾出現結婚前一天，女兒和媽媽互相表達不捨之情的場景時，我也時不時會想起自己不曾體會過而充滿遺憾的那一天。大概是因為當時結婚所伴隨而來的心理壓力和責任感，以及認知到即將離開原生家庭後所產生的茫然恐懼與缺失感，逼得我喘不過氣的緣故吧。

金善美在自己的著作《母女之情》中，定義「母親和女兒是住在同一個身體的兩個女人」，而這句話也最能說明，在許多父母與子女的關係中，母女關係是情緒連結最強的關係組合。一旦母親與女兒在情緒層面上，呈現高度緊密連結與互相融合的狀態，那麼這兩個人便會面臨一輩子活在同一個身體，而不是兩個身體的悲慘命運。也就是說，在關係當中，一個人無法以個人存活，一定會朝著某個人（母親）想要的方向前進，歸屬於對方並失去自律的能力，陷入情感與思考分離的局面，這同時也是相當煎熬的狀態，母女之間也是同樣的道理。

學習自我分化，不受他人情緒支配

在「自我分化」（differentiation of self）程度低的媽媽或女兒身上可以發現一些特質，像是無法將自己感受到的情緒與對方的情緒分開，而是糾結成一團，且容易受到他人情緒反應的支配。最後，她們會在心理層面上出現脆弱點，對於在人生中成為一個獨立自律的主體產生排斥感。萬一自我分化程度低的女兒日後結了婚，也可能在夫妻與子女關係中持續感到焦慮。

即將結婚的未婚女性身上，經常出現這種在心理上難以分離的現象。有時，自我分化程度較低是其中一個原因；倘若母女之間的依附關係健全，情緒暫時受到即將步入婚姻所帶來的心理負擔，也是原因之一。我很好奇自己屬於哪一種情況，我試著重新回想二十歲時成為大人的自己，事實上，我不想活得像母親一樣，那時的母親在我眼裡，是個對每件事情都要抱怨的人。真正令人難以忍受的是，每天早上一睜眼，就會聽見對人生充滿悲觀的母親，一邊嘆息一邊不停地發牢騷。

對我來說，二十歲不過就是每天在痛苦中度過。我一九九五年三月進入大學後的半年間，平日在學校度過寄宿生活，到了周末則必須到醫院的加護病房照顧父親。父親在車禍之後，動了三次的腦部手術，由於恢復的狀況並不理想，從加護病房換到一般病房，還需要花上好一陣子。在這段期間，我和母親只能待在醫院的家屬休息室，這大概是我成年之後，和媽媽最常共處的日子。

家屬休息室裡的內線電話，不分晝夜隨時都會響起。我非常厭惡那一道打破凌晨時分的寂靜，不停傳來的嘈雜鈴聲，那種心臟快要跳出來的感覺，是無可比擬的恐懼。我清楚地知道，那年春天深深刻在我心中的疼痛，同樣成為了母親內心深處對於一九九五年春天的記憶。或許，我的疼痛根本比不上母親的痛苦，但是我也明白，自己還沒有完全放下母親，我和母親所共同擁有的情感經驗，也許就是我們之間情緒連結無法斷絕的主要原因。

父親再也無法活動，就連話都不能說，變成一個凡事都需要依賴他人的人，母親也因此變成父親的手、腳和頭腦。就這樣，在父親過世前的十年間，母親不再是某人的媽媽、妻子或是一個女人，更像是一個技術人員，專門解決眼前發生的任何問題，來度過那段日子。

最近媽媽偶爾會說：「當時為了讓你們能好好念書，別人都在我背後指指點點，現在想起來還真令人生氣，我都想不起來那時是怎麼撐過去的。」

我以前住的老家是個小農村，父親受傷後，周圍的鄰居因為了解家中的處境，經常勸告母親別再執意送孩子上學念書，應該讓孩子出門賺錢。母親告訴我，當時所有的一切都讓她非常憤恨，心裡很不是滋味，所以她想讓那些不看好自己的人看見，自己的子女過得幸福快樂的模樣。

現在，當我對母親感到愧疚，或者相反地，無法理解體諒母親的行為時，總會想起一個畫面，不論是在任何情況下，只要想到那個畫面中的母親，所有批評母親的念頭都會因此改變。只要站在母親那一邊，一定能夠變得幸福。

當時，由於母親必須代替生病的父親，一個人打理所有家事和田裡的耕作，也因此累積了全身的病痛。即便如此，母親也無法拋下臥病在床的父親，好好接受治療。就這樣，每天晚上耐不住身體疼痛的母親，總會獨自注射止痛藥，再吞進一大把數不清有多少顆的止痛藥丸，最後才能入睡。最痛苦的是，莫過於看著母親在入睡之前，對這世界和父親發洩種種不滿和指責，我背對著母親躺在另一側，不自覺地眼淚不停流下。在那種情況下，我也討厭母親抱怨已經變得和小孩沒有兩樣的父親，而我卻說不出「夠了，別再說了！」因為我擔心連這一點抱怨都不讓母親宣洩，她的內心世界也許會崩毀，當時那份心裡的厭惡感，說不定就這樣轉向了懦弱、無能為力的自己。

母親承受不住身上的疼痛從口中發出的呻吟，以及對處境感到絕望嗚咽的啜泣聲，還有對於父親的埋怨和牢騷，不停地挑動我的情緒，讓我變得越來越歇斯底里，每當此時，我總恨不得從母親憤憤不平的抱怨中逃離。在母親過得最辛苦的時期，我在心裡默默地討厭著母親，現在的我對於當時抱持那種想法的自己充滿罪惡感，也無法原諒自己。

我似乎到了現在才明白，結婚前夕如此思念母親的臂彎和令人窒息的懷抱，或許是出於懺悔的心態。說到底，我只想讓自己的心裡好過一點，那時的我似乎只想拋開心中的重擔，輕鬆愉快地走進婚禮會場。「我那時還真是卑鄙！」的想法又再次一閃而過。所以，我並不是思念母親，或者在成年之後特別渴望和母親之間難捨的回憶，不論在二十歲或是即將結婚的三十一歲，我都只是個自私的女兒，直視內心的陰影讓我無比羞愧。

以我和母親整體的人生來看，在我二十歲的那個時期，大概是我和母親情緒起伏最大的時候。或許正因為這樣，我們母女雖然外表看起來堅強，實際上卻總是自以為是地替對方著想，把自己的負面情緒藏起來，雖然彼此心知肚明卻假裝不知情，概括承受所有不愉快的同時，似乎也為彼此帶來許多傷害。

我想著：「那時不就是彼此的情緒無法如預期地順利獨立，強烈地融合在一起的時候嗎？」另外，可以肯定的是，不論是我還是母親，我們當時的自我分化程度都非常低。

如果那時我們擁有較高的自我分化程度，或許就不會過度地替對方的情緒著想，然後就能夠引導對方釋放情緒，盡情地大哭。彼此感到猶豫不決，無法坦白的情感表現，直到結婚的前夕都讓雙方心裡不舒坦。希望我們都能早一點明白，當時自以為替對方著想的那些表現，就像兩個人擠在同一副身軀一樣，只會一直束縛住彼此的情緒。

心理學技巧——

學習自我分化能力

莫瑞．鮑文透過家族系統理論，為個人的「情商」與「智商」劃分出融合與分化的程度，自我分化可以分成兩個層面來探討：個人自我分化、與他人關係的自我分化。

1. **個人自我分化：**就是把思考和感覺分開的能力。擁有此能力的人，可以保持客觀，不被周遭情緒所牽絆。
2. **與他人關係的自我分化：**區分他人和自己的能力，尤其是情緒上。

一般而言，個人自我分化程度越低，在生活越容易受到情緒與感受的支配，或者越容易與家族成員或他人的情感產生融合，也就是說，容易在每件事情上人云亦云，不然就是為反對而反對。然而，自我分化程度較高的個體，即使環境變得越來越令人不安，個人情感與情緒也不會受到控制，而能獨立的判斷思考，保持自主性。

當提出請求時，一般來說會以「你」、「我們」作為句子的開頭，但經過分化的個體，還能夠以「我」作為開頭，既不會過度依賴也不會過於獨立，能夠和他人相互扶持，即使處在不安的系統中，也有能力維持相對安全的心理狀態，明白該對自己的選擇和情感負起何種責任。其實，要達成完美的自我分化相當困難，但是我們必須了解，我們所處的這個時代，必須透過反覆的情感訓練，才能建立更好的母女關係。

鍛鍊心智的祕訣——

勇於改變

我們都希望明天能比今天更好，對吧？或許正因為有明天的到來，今天才能承受得了痛苦的重量。事實上，變得更好就代表我們想要的東西（健康、金錢、工作、人際）得到了滿足，具體來說，就是生活的樣貌產生改變。然而，所謂「改變」這兩個字其實非常困難，嘗試去做以前不曾做過的事物所產生的不適感非同小可，我們也會因為擔心結果不如預期而開始焦慮、感受到壓力。然後，最終又回到了「照以前那樣過生活吧！」的原點。事實上，這是改變的特性之一，也就是「不變性」，能夠讓一切回歸原來狀態的性質。

這樣看來，連換個髮型也會變成是一大煩惱了，對吧？實際上，有許多人追求著變化，但因為從來不曾經歷過，所以會出現兩種情緒：對於改變所帶來的結果感到擔心與緊張，或者因為能夠掌握焦慮的因素而選擇坦然面對。

我的孩子通常要到深夜才能入睡，算是睡眠時間較短的孩子。因為晚睡導致早上容易賴床，長期下來，可能對孩子的成長造成危害。在這樣的考量下，我認為孩子必須調整睡眠時間。值得慶幸的是，只要讓女兒躺在床上，為她讀故事書，在唸完一本書以前，通常能順利入睡。因此，我和丈夫認為改變孩子的睡眠習慣是一件相對容易的事。

然而，事情的發展卻不如我們想像中地簡單。一直以來，孩子並不是因為睡眠需求量較低，才養成晚睡的習慣，而是喜歡和爸爸媽媽一起相處的時光，才一直等著父母下班回家，即使只有一下子的時間，也想和父母玩完遊戲再睡覺，所以一直忍著睡意。孩子該有多傷心呢？一想到這裡我就覺得心疼，後來我訂了計劃，只要晚上十點一到，無論當下手邊有任何事，必須優先哄孩子入睡。

制定了計劃之後我們發現，問題的關鍵是我和丈夫下班回到家的時間。我的演講與其他日程的時間不固定，每天回家的時間也不同，丈夫也經常因為忙碌的工作事務，很晚才下班。我們希望兩個人之中至少有一個人得在十點以前回到家，為此我們不停反覆調整日程，但這樣還不夠。我看了孩子一天的作息紀錄，她放學回到家之後，比起從事戶外活動，更經常待在家裡看電視，或從事美術相關活動，比起動態活動，女兒更常花時間在靜態的活動上。理所當然地，孩子白天的活動量減少，晚上不容易入睡的狀況也曾發生。不得已之下，幫忙照顧孩子的外婆，會在白天和孩子一起到附近的社區，或者讓孩子往來朋友的家裡，制定一個又一個的計畫。當然，孩子外婆一直以來熟悉的活動路線和路程，都得為此一點一點改變。

「十點之前，哄孩子入睡」雖然是一句看起來非常容易的行為改變計畫，但卻不僅止於單純地改變行為，夫妻的返家時間，甚至是孩子外婆一整天日程的協調，家庭成員一起生活的小單位，必須做出系統性的改變。我也因此再次體會到，改變的不容易。

如果只是改變孩子的行為習慣較為容易，結果也會很理想。但是，如果是要做系統性的改變，在計畫的實踐和持續上都非常困難，無可避免地，過程中一定會伴隨著某些犧牲與放棄。這項改變不僅限於一個人，而是需要透過家庭成員彼此間的持續互動，來做出大大小小的調整。也許正因為這些預想不到的犧牲和繁瑣的協調將伴隨而來，許多人不願意放棄能夠維持既有現狀的心理安全模式，所以遲遲不願意做出改變。

母女之間也是同樣的道理。有些人看到關係疏遠的媽媽和女兒，總會輕易地說出「請好好溝通，解開心結」、「女兒應該要讓步才對」、「妳是媽媽應該要忍耐才對」，事實上，就算只片面地考慮媽媽和女兒的立場，母女也會因為圍繞在家庭系統的改變，而陷入進退兩難的窘境，不得不反覆地向彼此隱瞞、壓抑內心不適感。儘管如此，當我們察覺到母女關係逐漸朝錯誤的方向發展時，仍需毫不猶豫地選擇做出改變。改變的計畫並非只憑一己之力，而是以母親和女兒，以及其他子女和家族成員們，必須事先設想彼此之間的情感如何產生互動，再設法將計劃化為行動。當然，成員彼此間的情感互動往往不如我們的猜想，這時候我們只需要接受當下的事實，並記住此時此刻「我們想要改變」。

第4章

看著媽媽日漸遠去的背影

電影序幕

如何面對重要的人離去

——引用自電影《再見！我的親愛媽咪》

我曾經以為歲月不曾在母親身上多做停留，準確來說，應該是希望歲月不會在母親身上留下痕跡。但母親一路辛苦走來，無情歲月仍然在她的身上刻下了無數飽經風霜的印記。上了年紀的母親，其實沒有太大的願望，只希望不要變成行動無法自理、又老又一身病痛，造成子女的困擾。或總會說，希望在睡夢中安然離世。相反地，身為子女，不論母親生了多麼嚴重的疾病，都希望母親能夠長久地留在身邊。

看電影的同時，我慶幸自己不是媽媽的兒子而是女兒，至少能夠近距離地好好感受、陪伴母親走向生命終點的過程。

《再見！我的親愛媽咪》電影是描述著，主角愛子的媽媽在時日不多的日子裡，不斷地在醫院接受治療，與病魔奮戰，在手術前一天問了女兒，照顧自己是否會感到辛苦，請求女兒放棄對自己的治療，讓她能夠決定自己的死亡，但是，愛子無法答應媽媽的要求，她不想拿辛苦當成藉口放棄媽媽。母親試圖說服愛子，罹患癌症末期的自己，再怎麼接受治療，也只不過是僅存著一口氣、延續肉體的痛苦而已。但愛子說什麼也不願意和母親分開，即使再相處一下下也好……。

愛子的媽媽經歷無數次病痛的折磨，只想早日得到解脫，但愛子無法就這樣袖手旁觀地送母親離開。那麼，這場和病魔的長期抗戰，究竟是為了愛子自己還是母親呢？有時候，我們也會像電影情節一樣，絲毫不顧慮對方的需要，只站在自己的立場，一味地想替對方解決需求，因為我們誤以為自己付出的就是對方想要的。然而，仔細想想，這或許不是對方的需求，而是為了滿足自己的欲望，或許在面對死亡的母女之間也是如此。

也許女兒不想日後回想起時，覺得自己是一個違背倫理孝道的人，看著母親離死亡越來越近，自己卻無所作為，日後一定會對這樣的自己感到後悔，悔恨的心會時時刻刻的折磨自己，所以她更不能放手成全母親離去的心願。

當我們面對人生的不如意時，會經過「憤怒—否認—妥協—憂鬱—接受」五階段，然後從傷痛中復原。一開始，會憤怒、埋怨為什麼事情只發生在自己身上，接著以「這一定是夢」的念頭否定現實，然後承認局面令人束手無策、自己已經全力以赴，來達成與自我的妥協。然而，時不時浮現的孤獨與憂鬱依然會持續，到了最後，我們會察覺自己的人生並沒有特別的改變，不論經歷了什麼事情，我們都能活下去，坦然地接受事實。

愛子媽媽在夜深人靜裡，忍受著病痛的折磨，為了了結自己的生命，最後決定將藥物打入手臂。愛子看了淚如雨下，無法言語、只能不斷搖著頭表示「不要」，死命地緊抓著母親的手腕不放。但母親只是面無表情地看著愛子，說著自己好痛苦，哀求愛子讓自己離開。

最後，愛子鬆開了緊握著母親的手。看著這部電影時，我心想：「或許直到女兒能夠完全接受並同理母親的內心時，才算是母親生命的盡頭吧！」不是死命地抓住維持母親性命的繩索不放，而是打從心底相信母親會一直在自己身邊的那一瞬間。

實際上，如果可以的話，每個人都想盡可能地迴避失去與哀悼。但是，不論我們怎麼奮力掙扎，也改變不了「只要是人都會死」，所以人生在世，或許我們應該將死亡看作人生的一部分，隨時準備迎接失去和伴隨而來的追悼。

其實，對於女兒和母親來說，在面臨生死交關的當下，那些埋怨、憤懣和厭惡變得一點也不重要，因為哀悼的核心就是脫離過去，讓人從失去和痛苦當中解脫。然而，沒有充分建立互動的愛意，將會阻礙我們擺脫過去，把自己人生的不順遂怪罪給母親的人，大多屬於這一類。總而言之，只有活在當下，我們才能做好準備面對未來的失去與哀悼，這也是為什麼我們應該把握當下的每一瞬間，生命的精髓不在於過去和未來，而在於每一個當下。

01 在有限時間裡，用話語肯定彼此的價值

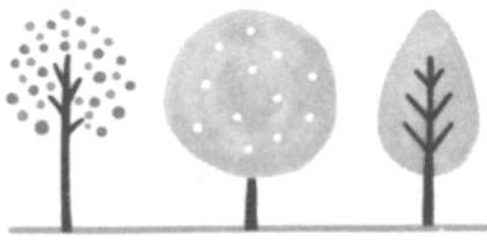

「媽，我覺得穿這種顏色的衣服很彆扭！」

「怎麼會呢？你年輕漂亮，穿這樣才會看起來有朝氣又亮眼。」

彩元告訴我，有時母親會像這樣為自己挑選衣服，然後買來送給她。母親為她挑選的衣服清一色都是華麗鮮豔，彩度高、顏色單一的服裝，還會經常提醒她要打扮得漂亮一些。

每當想起母親，彩元的腦中總會最先浮現出一支玻璃瓶，漂浮在一望無際的汪洋大海，裡頭有自己和母親。不能讓女兒在最美麗的年紀好好打扮，一直是媽媽心中的遺憾。彩元十多歲時，韓國陷入外匯危機中，

家裡的經濟狀況也因此跌落谷底，難以想像的貧困生活，硬生生奪走了她本應綻放光芒的青春歲月。父親離開都市到其他地方謀求生計，弟弟則是進入軍中服役，全家人就這樣分散在各地，而被斷水斷電的家中只剩下母親和彩元。

接到高利貸討債業者的恐嚇訊息和電話時，彩元的母親總會說出自己非常恐懼、疲憊，想要馬上死去之類的話。彩元說，只要聽到母親說出這樣的話時，就會努力地待在母親身邊，倘若暫時聯絡不上母親，一整天就會忐忑不安，擔心母親是不是真的尋短。她又說，母親在工作上經常需要出差，一旦聯繫不上在國外的母親時，內心的不安感就會逐漸擴大，無法好好喘氣，呼吸開始變得困難，手中的東西也沒辦法好好地抓住，這顯現出彩元對於和母親分離帶有多麼強烈的不安和恐懼。

「要是媽媽離開這個世上，我應該會承受不住，可能會跟著一起死去吧。媽媽就是我活下去的唯一理由，我和媽媽對於彼此就是這樣的存在，她在我最孤單難受的時候，成為我唯一能仰賴的支柱，我想替一路走來辛苦的媽媽準備一棟房子，讓她能住得舒適，也想讓媽媽不必考慮金錢，盡情做自己想做的事，隨心所欲地過日子，所以我一分一秒也不能虛度。

我和媽媽在斷水斷電的家裡抱頭痛哭，咬緊牙關撐了過來，在那樣的情況下，無論是誰，都不得不像我們一樣變得更加強大。有一次在啤酒屋打工的時候，一位大叔對我別有意圖，還塞給我十萬元韓幣當作小費，一開始我沒有收下，老闆告訴我大叔是把我當成女兒看待，才會給我錢，要我把錢收下。雖然內心感到十分羞恥，但不曉得是因為太想得到那筆錢，或者是希望那位大叔能受到一點懲罰，我把錢收下之後給了媽媽。

我以為媽媽會大發雷霆地要我辭掉工作，或者站出來為我出一口氣，但媽媽絲毫沒有任何表示，只是把錢花掉。當時我失望至極，也非常惱怒。難道母親真的過得那麼辛苦嗎？我重新思量著家裡的處境，腦中浮現一個想法：『無論如何，對母親來說，現在最重要的是把令人厭倦的債務還清。』不論是我還是媽媽，又或者是家裡的經濟狀況，都無比淒涼，這就是為什麼對所有女孩子來說，生命中最美麗的二十多歲，在我的人生中完全不存在，我絕對不要重新回到二十多歲的時期。」

隨著時間的流逝，彩元現在已經是兩個孩子的媽媽。從十多歲後半段開始一直到二十多歲時期的結束，整整十二年和母親並肩作戰，擺脫艱辛的命運枷鎖，這段時間對於彩元來說意義非凡。彩元告訴我，她絕對不會浪費生命的每一刻，一直以來不停地規劃未來，一絲不苟地認真度過每一天。雖然是為了將來打算，但神奇的是，彩元的未來計畫裡並不包含自己的家人，也就是她的丈夫和孩子，而是只有母親。她說自己精心策畫的四十年後的人生藍圖，就是母親即將擁有的未來。以這樣的程度而言，我們可以預料到彩元和媽媽之間的情感凝聚力，比起其他普通的母女關係高出許多。

本質上，母女關係在精神層面的情感連結與凝聚力，比起其他家庭成員間的關係要來得高。然而，在青少年時期和成人初期，彩元的家中遭遇了特殊的家庭難題，當時只能和母親共同承擔，一起度過艱辛的歲月，這也讓兩人之間的凝聚力變得更加堅固。從某方面來看，彩元和母親的關係脫離了健全的家庭情緒系統，兩人之間的界線不再明確存在，只要其中一方將維繫關係的繩索放開，一切就會變得支離破碎，母女關係可以說是處在一種心理層面上高度交融的狀態。

對彩元來說，母親毫無疑問地比每天朝夕相處的丈夫更重要，但這並不代表彩元和丈夫關係不和諧，或者家庭裡存在某些問題。彩元說，雖然對丈夫有些過意不去，但當被問到在母親和丈夫兩者之間，自己會選擇哪一邊時，她總認為問題的本身毫無意義，這兩個人根本不是能夠相提並論的對象，完全不需要苦惱。

自我存在價值：母女都需要被肯定

彩元對母親的依附程度遠遠超過一般人，然而彩元媽媽卻不像彩元一樣，對自己的女兒有那麼高的依賴性。比起彩元，母親反而更加仰賴父親和弟弟，對他們百般照顧，這也讓彩元無法接受。她厭惡母親把父親和弟弟拿來跟自己相提並論，也認為這十二年來，父親和弟弟根本不存在於母親的生命中。對母親來說，人生中最痛苦的十二年，唯一陪伴在身邊的只有身為女兒的自己，但母親好像忘了這件事。

彩元表示，只要一想到母親對待自己與他人並沒有差別，內心就會十分難受，她想證明給母親看，到頭來母親唯一能依靠的人只有女兒。這也導致彩元漸漸不願接受他人的幫助，不論面臨多大的困難，都想憑一己之力解決問題，無時無刻要求自己，不敢有一絲鬆懈。此時，彩元的內心世界有兩種聲音。

「這樣就夠了！現在可以稍微休息一下了。慢慢來也沒關係。」

「胡說什麼啊？難道妳忘記了嗎？你想再回到那個時候嗎？妳要更追求完美才行！妳做了什麼了嗎？竟然還想要休息！」

彩元內心的兩個自我不停爭執，一個是為自己立下規矩的自我，認為「必須要〇〇」；另一個則是想自由自在說出內心話的自我，希望說出「我真正想要的是〇〇」。

彩元的母親似乎對於自己不能在女兒情緒最敏感的時期，為女兒多做一些事情，一直抱有強烈的愧疚感。彩元說，她經常能聽見母親充滿內疚的話，但是她最想從母親口中聽見的，其實是「媽媽有你這個女兒真的非常幸福！」不是為了解決問題而說出口的話，而是需要被肯定自我存在的價值。母女倆不曾瞭解彼此的內心感受，只一味地在心中揣測「她一定很辛苦！」以為這樣的方式就足以充分地表達自己的情感；與此同時，她們也深深地相信，兩人之間存在著任誰也無法介入的緊密連結。

其實，她們所需要的，是好好坦承彼此的內心話，認定自己無法妥善地處理情緒，是一種壓抑的症狀，也就是說，一旦說出內心的感受，母親或女兒就會一直抱持著「妳應該很痛苦吧？很辛苦吧？這樣會對妳造成傷害吧？」這樣的態度，最後只好以「沒關係」的方式否定自己的傷痛。我們應該時常回想心中的無數個自我，究竟說了哪些話，內容是什麼，也必須試著常常問自己「真的沒關係嗎？」以及在一切還來得及之前，試著問問彼此「你一定很辛苦吧？」

心理學技巧——

觀察內心尚未處理的情感

完形治療（Gestalt Therapy）著重於解決個案內心尚未處理的情感課題。一旦內心根源性的核心情緒，例如羞恥心、罪惡感、疏離感、焦慮、憤怒、自卑感等，一直反覆無法得到解決，在心中像沉澱物一樣累積，變成等待處理的情感課題時，個體將無法有效地滿足自我的需求，最終導致心理與生理障礙發生；同時，心中尚未被解決需求，將會跟隨自己一輩子，成為影響個體行為和思考的主要動機。所以為了解決擱置在心中課題，覺察「此時此刻」就變得非常重要。

為了覺察個人渴望的需求和情感並得到滿足，必須先經過幾個步驟：

1. 覺察個人的需求和情感，在某個情況下透過身體感知表現出來時，先進行覺察與回想。

2. 接著發揮解決問題的力量並付諸行動。

3. 最後當內心的情感和欲望得到滿足時，心理上的不適感也得以紓解。

在這個過程中，重要的是自我覺察，而上述過程稱為完形經驗循環。專注在自己身上，提升對自我的認知，當情緒管理的能力越高時，自我覺察也會變得更容易。對於達到覺察的個體而言，需要用更果敢的行動和決斷力，來解決自身的情感或需求；同時，對於自身的正確理解和接納，也就是前幾章節所提到的依附經驗到自我分化，能讓我們做出能夠帶來理想結果的合宜行為。

02 與媽媽保持安全距離

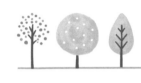

今年剛成為外婆的惠淑告訴我，她正在練習與孫女的媽媽，也就是自己的女兒，保持安全距離。她說，當未滿三十歲的女兒說要結婚時，其實她的內心相當難過失望，不論是年輕時和丈夫爭吵後覺得鬱悶，或是因為婆婆無理的要求而感到不愉快的時候，女兒總是能夠馬上理解，並給予安慰。惠淑確信只要自己想要，女兒都能隨時隨地出現在自己身旁，不論自己有任何要求，女兒都會扮演一個乖孩子，無條件地服從。她說，從某個層面來說，女兒就是自己的所有物，同時也是負擔自己老年生活的救星。

「她是個不管媽媽說了什麼，都會照單全收的女兒。無論身上有任何病痛，或是心情難過的時候，我都會第一時間告訴女兒，她總是會比我先生更快來到我身邊。我們就像生命共同體一般，對我來說，女兒一直是這樣存在。但那孩子結婚時，卻對我說『我還要配合媽媽到什麼時候？』，我當下非常震驚，也十分憤怒，好幾天都睡不好，滿腦子都是『實在太可惡了！』的念頭，完全不想和女兒聯繫。可是，我的腦中也浮現了這樣的想法『原來她現在也到了不需要媽媽的年紀了！女兒都說了，即便沒有我，自己也能夠好好地生活，我現在這樣一點都不像媽媽的樣子，到底在幹嘛？』直到那時，我才決定振作起來。」

後來，惠淑刻意收回對女兒的依賴，開始漸漸地和女兒劃清界線，她先是拒絕女兒的經濟援助，不收女兒給的孝親費。在那之前，只要惠淑需要任何東西，都會拜託女兒購買，而此時，女兒總會說：「媽，這個就當作我提早買給妳的生日禮物。」讓惠淑不用另外付錢，而惠淑也理所當然地認為，身為母親接受子女這一點心意應該不為過，所以並沒有拒絕。但現在，惠淑就算收到女兒的禮物，也會一筆一筆計算清楚。惠淑表示，女兒當然也對於自己突如其來的改變感到不知所措，或許是出於擔憂，女兒還曾說過有任何煩心事都可以告訴她。

惠淑相信，也許女兒會覺得母親非常無情，但總有一天她一定能夠察覺母親的心意。惠淑還說，像這樣在日常的小事上，一點一點地開始和女兒分離，自己也變得能夠毫不猶豫地，用輕鬆的態度向女兒提出要求，或者拒絕請求。

惠淑告訴我，有次孫女獨自一個人玩耍，或許是因為遊戲進展不順利，孫女開始感到苦惱，在一旁的她見狀立刻出手幫忙，但此時女兒走過來告訴她：「媽，妳不要管，讓她自己玩！」那時，惠淑還因為這句話傷心不已；但現在，她不再插手女兒的家務事，而是把時間在花自己身上，盡可能地享受生活。這正好說明了，一旦開始漸漸降低對彼此的期待，在理應為對方付出的事情上，自己也會少掉一些負擔。惠淑也表示，因為想展現出不依靠別人，能夠瀟灑自在、獨當一面的模樣，所以她比年輕時期更加努力學習。比起在女兒心中留下拖油瓶的印象，惠淑希望對女兒來說，自己是一個能夠活得自由自在，既瀟脫又獨立的母親。

這邊再舉例外一個例子，子女正值高中的真熙，即使到了中年，依然無法和母親好好分離，雖然過著屬於自己的人生，卻不能成為人生的主角。真熙告訴我，她一直是個乖巧的好女兒，不論是白天或是晚上，只要母親一通電話，自己隨時都會出現在母親面前，雖然父親的身體依然相當健朗，但母親不論發生任何大小事，總會聯繫身為家中長女的她。有一天，在學校上課的孩子，打電話告訴真熙，因為忘了帶上課要用的工具，希望真熙能盡快幫他送到學校，但真熙卻告訴孩子，因為外婆臨時有事需要處理，所以沒辦法幫他送到學校。因為這件事情，孩子對真熙發了好一陣子的脾氣。這時我問真熙：「面對母親時，必須隨時處於緊繃的待機狀態，會不會覺得辛苦？」她表示：「非常辛苦。」

「當下我似乎也很苦惱，雖然決定今天要完成某些事，但只要一被母親叫走，所有的計畫就會泡湯，我非常生氣也很難過，內心也充滿後悔與厭煩。不過這時內心又會出現另一個念頭：無論如何，身為家中的長女不能無視母親的請求，母親為了扶養我們不曉得吃了多少苦。」

真熙說：「每當站在面臨抉擇的交叉口，內心就會產生罪惡感，所以才會配合母親大部分的要求，一路走到現在。」不過這樣一來，卻也讓真熙受到丈夫和孩子的責備，認為她沒有盡到母親和妻子的責任。每當此時，對於一直不願放手讓自己獲得自由的母親，真熙內心的厭惡感也越來越強烈。

其實不論是惠淑或是真熙，他們都可以說是正處在家庭裡的三角關係[1]裡。在所謂的家庭三角關係中，當夫婦間的互動出現狀況，而無法妥善解決問題時，家中的第三者將被牽扯進入關係中，這裡的第三者可以視為子女。夫妻之間一旦產生衝突或口角，在心理層面上，將會感受到強烈的不安，當人們感受到不安時，通常會向其他人傾訴，因為情緒的抒發會讓內心變得更好過。

但是，把夫妻間的問題告訴外人，反而會引起更強烈的焦慮，所以在許多情況下，人們通常會選擇較安全的對象，也就是自己的小孩，作為抒發內心的管道。如此一來，子女當中較具有同情心的孩子，將會對母親（或父親）投以憐憫的眼光，即可用這樣的方式來彌補從配偶身上感受到的匱乏感。

舉例來說，假設女兒擁有一個出軌的父親，女兒會和母親建立起強大的情感凝聚力，讓辛苦的母親不會感到寂寞；同時，女兒也會在心裡認為，自己是唯一能幫助母親的人，如果連自己都對母親袖手旁觀的話，那就太無情無義了。同樣的道理，對於拒絕母親的請求懷有罪惡感的真熙，恰好也能以這個例子加以說明。

劃出安全邊界，打造健康的家庭關係

我們很容易一不小心，將上述的例子當成只是母女關係互相依賴及和諧度的問題。事實上，我們可以從家族系統裡每個成員間的情感互動及衝突，以及關係修復等各個面向來解析。其實，真熙也和惠淑一樣，正在努力地劃出和母親之間的界線。她們都認為想要守護自己的家庭，成為一個更有主見的人，就必須真正地和母親分開。

首先，比起在母親身上尋找問題，真熙決定先努力地自我省察。在結婚之前，真熙其實很依賴母親，真熙的媽媽總是在一旁照顧容易緊張不安的女兒，成為她的靠山。說不定真熙當時的依賴心反而讓母親充滿擔憂，長期以來影響著母親，甚至直到現在，母親依然把身為長女的真熙當成還沒長大成人的高中生看待。所以，即使女兒現在已經成為了大人，真熙的母親似乎也無法輕易放下過去對年幼女兒投入的心思。

1 根據 Bowen 的家庭系統理論，他認為家庭是一個情緒系統，而三角關係就是構成家族情緒系統的基礎。當兩人的關係系統不穩定、產生焦慮時，家族裡的第三者將會被牽扯進關係裡，減緩關係中的焦慮，讓系統再次恢復平衡。

因此，真熙表示，最近只要不是太重要的事，她就會試著漸漸避開母親的連繫；不過，一旦有重要的事情必須處理，就會和兩個妹妹一同分擔，萬一行程上無法配合，也會好好地向母親說明原因。有時雖然也會懷疑自己是不是太過自私，內心也確實會湧上一股罪惡感，讓心情更加不愉快，但是每當此時，她都會盡可能地對自己說：「並不是每一次都得由我出面。」

為什麼真熙要這麼大費周章地和母親保持心理安全距離呢？非常矛盾的是，這都是為了讓雙方體認到彼此是更珍貴的存在。在上述惠淑的故事中，我們可以找到解答。過去，惠淑把對於女兒的期待和報償視為理所當然，一旦不符合自己的心意，就會單方面的斷絕往來，用攻擊性的行為表達自己的憤怒；也就是說，惠淑想要按照自己的意思控制、支配女兒的人生。

但是，在彼此之間維持適當距離之後，惠淑能夠更客觀地看待女兒的處境，也變得不再過問每一件事，反而只在需要自己時，參與一部分的協助。惠淑表示，之前女兒一直認為母親只想控制自己的人生，因此相當忿忿不平；但現在，女兒卻經常對自己說「媽，謝謝你」，女兒此時才減少了面對母親時的心理負擔；同樣地，看著女兒的模樣，惠淑這時才真正覺得自己是個好媽媽，同時用這樣的心情度過幸福的每一天。

另一方面，真熙與母親的安全距離，也讓母親能夠逐漸地重新思考彼此之間的關係。最近，真熙也從母親口中聽見「妳一定也很辛苦。媽媽愛妳！」這樣的話。在惠淑和真熙身上可以發現一個共同的變化，那就是原本放在母親和女兒身上的注意力分散之後，對於其他家人的關心也會隨之而來。

像這樣，只要母親或女兒其中一方鼓起勇氣，如同惠淑和真熙，能夠開始獨當一面的話，可以解決的就不只是個人問題，甚至成為改變家庭關係和結構的良性互動。

心理學技巧——

克服依附關係喪失

和某個人分手或面臨分離，又或者是經歷依附關係的喪失，我們都會感受到悲傷的情緒。此時，在離別或分開的過程裡，人們在心理層面上會認為自己被拋下，或者失去能夠真心交流的對象。與此同時，我們會出現尋求他人安慰，或者是蜷縮在自己內心世界的傾向。

當我們陷入這種失落感而無法順利抽離，內心充滿無力與憂鬱時，當務之急是要表達出悲傷情緒的本質裡，尚未被解決的憤怒和罪惡感，並強化自我意識。為了克服依附關係的喪失，最重要的核心就是加強自己的經驗，透過暗喻或隱晦的言語，以及能引起共鳴的話語及文章等等的語言表達，反而能讓我們更深層地體會悲傷，而不是一味地逃避。

這樣一來，才能達到不再否定情緒，同時增進自我覺醒的目的。我們不應該勉強自己刻意展現出積極陽光的一面，或是逃避悲傷的情緒，而是能夠接受當下發生的現狀，充分地體驗和感知每一個瞬間。

03 媽媽是從什麼時候開始變老了？

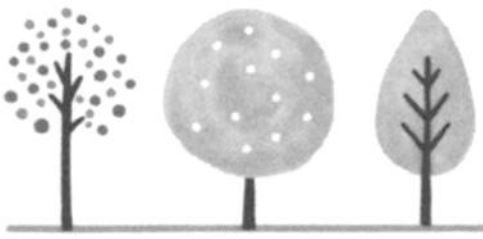

八月南怡島的銀杏大道一片濃濃綠意。走在大道上，稍微抬起頭望向天空的瞬間，發現從葉片縫隙間灑下的陽光，就好像是為了我所精心準備的燦爛光芒。走著走著，我落下了眼淚，因為那天我所走的路，也是媽媽走過的路。

四年前，十月裡的某一天，媽媽就站在這條路的中央，那是我、媽媽以及姊姊三個人，在臨時起意下展開的半日遊小旅行。起初媽媽似乎不感興趣，還一邊說著秋天裡隨處可見的銀杏葉有什麼稀奇？但是，南怡島的銀杏樹卻著實以同樣的面貌，喚起媽媽十多歲少女時期的感性，讓媽媽當下感到非常幸福。

在染著金黃色澤的銀杏樹和堆滿地面的

銀杏葉的背景下，媽媽不停地按著手機裡的照相機快門，盡情擺出各種拍照姿勢，讓我聯想到一些年輕少女的面孔。我在個人社群裡尋找那天留下的相片，照片裡的媽媽一身黑衣黑褲，臉上帶著燦爛的笑容，站在一片金黃的銀杏大道中央，活脫脫就是個美女。不論在將來的哪一天，當我站在這一條大道的時候，一定會想起媽媽，即便是在媽媽永遠地離開人世之後，這樣的情感也依然會留存下來。只是想到終究會到來的那一天，我就會心頭一緊，有如心口被堵住一樣難受。

在修研究所課程時，課堂上一名學生（中年女性），曾經分享自己夢裡的情境：

「那是個奇怪的夢，直到現在夢裡的場景依舊非常清楚。夢中的我已經死了，正在猶豫應該選擇火葬還是土葬。火葬的話似乎會很燙，土葬又有種被困住的感覺，我非常苦惱。就在夢裡的我心想『好吧！跟媽媽商量看看』的同時，聽到我過世的消息，所有的親朋好友都來參加我的葬禮，但奇怪的是，媽媽也過世了。當我走向媽媽時，她正興高采烈地跳著舞，媽媽當時並不是現在的樣子，而是年輕時期的模樣，真的非常漂亮。我沒有打擾母親跳舞，而是在夢中不停地自言自語：『媽媽好美啊！我媽媽真的好漂亮！』」

教授把這位學生夢裡的場景分段，透過幾個提問來協助學生對於自己的夢境重新賦予意義，並講解著。

「夢裡的你已經死去，有什麼樣的涵義呢？」

「當時我的身體出了問題，也思考了很多關於死亡的意義。」

「夢中的你正在猶豫該選擇火葬或土葬，它們各自代表什麼涵義呢？」

「關於火葬，我一直擔心『應該會很燙吧？沒關係嗎？』似乎非常害怕化成灰以後，在這個世界上完全消失，土葬則讓我有種被困住的感覺。在做這個夢的當時，我的身體狀況不好，所以經常煩惱是否應該要休學，工作是不是也要一起辭掉。」

「你剛剛提到與母親商量埋葬的方式，這又代表什麼涵義呢？」

「其實我還沒有真正地獨立，在許多部分並沒有和媽媽完全分離。我是那種即便只是買個小東西，都會問過媽媽再做決定的人。」

「即便這樣，夢中的妳也沒有跑向母親，只是站在遠處看著，這又有什麼涵義呢？」

「大概是因為我知道媽媽和我的人生不同，我有我要走的路，母親也有母親的人生吧？」

「母親不是以現在的樣子，而是以年輕時期的模樣出現，妳覺得非常漂亮，對嗎？」

「其實我媽媽不太懂得如何打扮，她總是表現出堅強執著的一面，解決家裡發生的大小事，是個非常強大的媽媽。同樣地，從小到大我只見過這樣的媽媽，好像不曾對年輕時期美麗的媽媽感到好奇。見到夢裡的媽媽，我的內心似乎也浮現一個念頭：天啊！原來媽媽也曾經有過那樣的歲月。」

教授詢問學生，也就是夢裡的主角，經歷了分析夢境的過程之後，內心的感受如何？女同學說自己就像在現實生活中與母親和解一樣，同時也接納了過去和現在對於自身的不滿意，與自己和解。女學生說著這些話的當下，我從一旁觀察，她就像整夜沒睡思索著數學題目，最後終於找到答案的小學生一樣，難掩內心的激動情緒。女兒們總是會忽略，其實時間也會在媽媽的身上留下痕跡，就像自己在各個階段有不同的樣貌一樣，於是就這麼錯過了一切。

「我看著媽媽獨自一人坐在客廳地板看電視的背影，覺得媽媽的背變得彎駝了不少。一直以來總是堅強的媽媽，骨架卻是如此消瘦單薄，令我相當驚訝，同時也有一種淒涼的感覺，或者應該說是內心平白無故地往下沉了？我想媽媽離開人世之後，我一定會哭得最傷心吧。雖然心中非常埋怨母親，為什麼不能像疼愛哥哥或弟弟一樣地疼愛我，但看著媽媽變成一個連走路都有困難的老年人，我的惻隱之心也油然而生。本來應該從媽媽口中聽到『對不起，我愛你』才能夠好好地釋懷的我，似乎被歲月改變了，因為我也即將邁入和媽媽一樣的年紀……」

自己年輕時，和同樣也還很年輕的媽媽之間經常發生爭執，總是在對彼此的期待與埋怨之間拔河，但在媽媽上了年紀、當了奶奶之後，似乎就較少存在這種情況了，而這種直接放棄溝通，而非真心妥協的感受，往往會在內心留下遺憾和惋惜。但我想說的是，不需要覺得失望，也不必像失去某件東西一樣感到委屈，因為現在面對我們的人，是已經上了年紀的媽媽，不是年輕時期的母親。某些時候，我們也需要從時間的良藥中尋求幫助。

增加個人心理彈性：接納與承諾療法

接納與承諾療法（Acceptance and Commitment therapy，ACT）是心理治療中的一種，目的是為了增加個人的心理彈性。在許多情況下，父母的精神虐待這類會造成創傷的事件與經驗，會塑造出「我不被愛」、「我一無是處」、「我的人生沒有價值」的認知框架，引發個人在面臨困境時，習慣逃避問題的心理僵化。事實上，透過以前反覆發生在個人身上的事件吸取經驗，並不容易改變如信念一般的認知框架。

舉例來說，假設有一個人用心為家人準備飯菜，卻經常聽見「味道怎麼會這樣？你真的不適合做菜」之類的評語，久而久之，就會相信自己做的菜非常難吃，甚至可能連廚房都不願再踏入一步。假如想讓這個人重新愛上料理，就必須獲得周遭親友對其手藝的稱讚和肯定，並在心中認定「我的料理手藝非常棒！」

滴酒不沾的你，可能永遠無法理解為什麼有人會「酒後吐真言」，也無法理解他們壓抑的情緒與內心的感受。也就是說，在一個你從未接觸的事件或經驗當中，很難完全同理別人的內心。

因此，在接納與承諾療法中，透過直接與間接經驗，有助於增強個人的心理彈性。又或者，假如無法藉由全新的經驗改變負面的思考方式，我們必須了解到，接納與承諾療法並不會讓個案糾結於過去的事件、靜靜地等待問題自動解決，而是會協助當事人將注意力放到能感受到自我價值的事情上，以及進行自我覺察，達到治療的目的。

過去對母親充滿埋怨的正淑，在母親看電視的背影中，比起從前對母親的埋怨，反而察覺到了當下產生的憐憫之情。母親上了年紀，身體健康出現許多問題，在生活各方面都需要女兒的協助，女兒憐憫母親的同時，也感受到了歲月的殘酷，這就是當下的感受。我們應該察覺當下自我的真實情感，而不是過去母親帶給自己的委屈和難過。此時此刻，從母親身上感受到自己的憐憫與惻隱之心，「我明明就討厭媽媽，為什麼會對媽媽產生這樣的情緒？」期望我們對此感到訝異的同時，也能盡量地不去排斥這些自然而然產生的感受。將注意力放在當下，久而久之，就能察覺、經歷那些在母女關係之間，一時未曾發覺的新變化。

德國哲學家萊布尼茲（Gottfried Wilhelm Leibniz）曾經用「世界上沒有兩片相同的葉子」這一句話來說明異同與差別。雖然是同一棵樹長出的葉片、花和果實，在型態和顏色上都各不相同。而我們在不同日期、時間、地點下觀察同一件物品，也會隨著當下的心情和情感，發現其中的不同。生活在變化萬千的時間、空間裡，我們理所當然地會和別人不一樣，而每一天、每個小時，甚至是剎那間的我們也都在改變，因為昨天的我和今天的我所擁有的情感必然不同。正因如此，不論是過去或是現在，對自己來說始終是同一個人的媽媽，也會在某一刻變成另一個完全不同的母親。到了那時，就是我們不再對母親的歲月流逝視而不見，能打從心底地接納，在一旁給予關注的時刻。

「家人聚在一起吃飯時，我偶爾會看見媽媽即使嘴角沾著食物的殘漬，依然渾然不覺地吃著飯。雖然不是太嚴重的事，但我內心總會浮現『原來媽媽的感覺變遲鈍了』這樣的念頭，也覺得很難過。媽媽曾經是那麼固執又堅強的人，最近反而開始會看子女的眼色，我的心情有些微妙。」

不曉得包括我在內，世界上所有的女兒，是不是都會有這種愚昧的想法，總認為媽媽會為了女兒永遠保持相同的樣貌。每逢周末，媽媽偶爾會到市場買食材，花上一整天的時間醃製各種泡菜，但到了晚上，媽媽總會全身上下痠痛不已，不停地呻吟。

其實當下如果能說出「您辛苦了！謝謝。」一邊幫媽媽按摩痠痛的部位，就再好不過了，但我說不出好聽話來感謝母親的辛勞，也無法表達心中的不捨與難過。

「所以醃泡菜的時候為什麼要按照種類一次醃完啊？現在還有誰會在家裡醃泡菜，買現成的便宜又好吃，下次別再做了。」脫口而出的，總是這些不中聽的話。

但是我知道，將來有一天我會坐在餐桌上，淚流滿面地懷念著媽媽為我做的泡菜。在死亡面前，沒有任何人能夠倖免，或許正因如此，才更應該好好的度過每一個寶貴的今天。對媽媽與女兒來說，能不能度過有意義的一天以及追求什麼樣的價值，取決於自己。

把握「現在」，更勝於把握未來

波蘭詩人維斯瓦娃・辛波絲卡（Wislawa Szymborska）在詩作《僅只一次》中告訴我們：「人生沒有重複的一天，萬物因為存在所以會消逝，因為消逝所以美麗。沒有人會天真地認為，能夠再經歷相同的一天，但我們卻像未來還有許多機會一樣，在彼此心中留下傷痕，就這麼度過一個小時、一天、一週、一個月，甚至整個人生。」

因個人的心理因素，而尋求心理諮商師協助的個案中，比起個人的問題，與父母之間的關係，以及在所謂家族系統裡尚未解決的情感問題，也經常是他們苦惱的原因。在這樣的情況下，諮商師必須試著針對與個案維持關係的對象們，以及個案的狀況，透過重新經歷、重新組織的方式進行治療。不過，有時會遇上個案的父母已經離世的情況，此時無法使用這樣的療法。如此一來，父母離開後所產生的寂寞、後悔以及罪惡感，就會變成子女必須獨自面對的課題。到那時，個案必須像前面提到的那位重新賦予夢中場景的女同學一樣，能夠重新詮釋自己的處境，這才是真正的和解。

我們需要改變想法，例如，將「媽媽總是很忙，一點都不愛我」的想法換成「媽媽是代替爸爸照顧家庭的偉大母親」，或者把「媽媽只把我當成自己的所有物，我快受不了了」轉換成「媽媽總是掛念著我，以我為傲，是會為了女兒犧牲奉獻的母親」。

只有跳脫自己熟悉的慣性思維，從更客觀的角度看待母親，這樣的改變才有可能發生。如果連微小的事物之中，都能發現意義的話，我們試著以全新觀點看待的事物，也一定具有充分的價值。大自然不存在重複出現的事物，如果下定決心原諒或喜歡某個人，即使是同一個人，也應該能在其身上發現不同的面貌。

心理學技巧——

發現生命的意義——意義治療法

根據意義治療法（logotherapy），我們可以藉由以下三種方式尋找生命的意義。

1. 透過創造或者從事某項工作。
2. 體驗某些事情或與他人相處。
3. 面臨不可避免的苦痛時，個人所抱持的態度。

藉由這些方式，能夠讓我們更貼近富有價值的生命意義。如果不想虛度人生中只有一次的今天，那麼對我們來說，什麼才是必備的呢？為了讓現代人能在這個充滿挫折、不安、失落的時代裡，從存在的虛無中獲得自由，我們需要仰賴生命的意義。

以意義治療法（logotherapy）廣為人知的維克多・法蘭克（Viktor E. Frankl）曾經說過這樣的話：「把人生活得像是第二次經歷的人生一樣吧！還要把打算要做的事，當作在第一次的人生中已經失敗過的經歷。」人類從出生的那一刻起直到死亡，每分每秒都想在各自的人生中尋找存在的價值。個人能夠自由地選擇「意義」的同時，也必須透過選擇來追求有價值的意義，這同時也是捍衛人生的方式。

04

維持適當距離，為彼此加油打氣

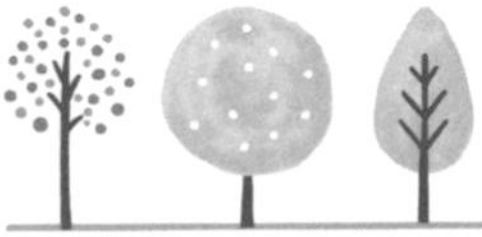

母親用比市場行情更高的價格，賣掉了守護一輩子的農田，得到的金額足以在都市買一間月租套房來出租。比起在家鄉出租農地過日子，說不定母親能擁有更富足的老年生活，這對母親而言，絕對是個再好不過的選擇。但不曉得發生了什麼事，母親賣掉農地來首爾的那一天，她的心情完全不像我原本預料的那樣，我小心翼翼地向母親詢問原因。

「妳爸爸生前只留下這麼一塊地就過世了，一想到要把這塊田賣掉，我就會懷疑這是不是正確的選擇，睡也睡不著。把田賣掉的話，你爸爸的痕跡不就一點也不剩了嗎？我因為這樣這三天都睡不好覺。」

原來如此，媽媽這樣想似乎也情有可原。父親的一生和發財兩個字八竿子打不著，奮鬥了一輩子才勉強買下一塊地，即便在父親生病之後，家庭經濟面臨困難時，母親也拚盡全力地堅持留下這塊農地，才讓這塊田得以保留下來，它代表的不僅是父親留下的禮物，同時也蘊含著母親的義氣與誠信，可想而知母親會多麼心煩意亂。只是我擔心再這樣下去母親可能會悶出病，此時似乎應該說一些話來安慰母親。

「媽，你做得很好！爸爸一定也會稱讚我們家盧玉順真了不起，把田顧得好好的，還辛苦地把孩子扶養長大，真的辛苦了！別擔心了，我媽最棒了！」

直到那時，母親的表情才開始逐漸明朗。藉由女兒的聲音，似乎也聽見丈夫告訴自己沒關係，母親當時就像真的釋懷了一樣。

「沒錯！一直留著那塊地不賣，真的讓我很辛苦。是真的！」

像是擔心遭到他人責備一樣，母親又再次分享了一番她的甘苦談，然後才變回平常的那個母親。

只要一到了不需要照顧孫女的周末，母親經常會跟朋友一起待在銀髮族的跳舞場所，也就是所謂的迪斯可舞廳。母親把舞蹈當成平常的運動，學了好一陣子，她說跳舞的同時能釋放許多壓力。跳舞時，還能和同學和樂融融地分享生活瑣事，母親似乎相當樂在其中，跳完舞回到家的那個周末，母親的心情總會顯得格外愉快。

然而，母親也有從舞廳回來後，感到鬱悶、煩躁的時候。後來我推測，大概是因為母親的舞技沒有得到別人的肯定，或是要好的朋友們沒辦法前來，母親獨自一人無法和大家打成一片，只能乾坐在一旁，最後敗興而歸。透過這兩個偶然的事件，我能察覺母親身上害怕受到家人或其他人疏遠的茫然焦慮感。

人們什麼時候會覺得焦慮呢？存在主義心理學家羅洛．梅（Rollo May）認為，當個人體認到自己所認定的生存核心價值受到威脅時，將會引發恐懼的感受，也就是焦慮。尤其人類因為無法避免死亡、老化、孤獨這一類問題，所以才必須過上不斷尋找與追求自我生存意義的人生。

對母親來說，肯定也會有這種與存在有關的苦惱，但女兒們總會抱持這樣的想法：

「媽媽怎麼可能會思考這種問題？」

「媽媽只考慮現實，只要有錢什麼事都辦得到，應該不會想這種問題吧？」

應該沒有比這些更能夠貶低母親人生價值的話了！如果身為女兒，一次也沒有認真地思考媽媽的心情，其實應該要心懷愧疚才對。

我們換個角度想，若今天你和媽媽這麼說：「要是沒有您，我真的會很辛苦。媽，您以為現在的日子像您當年那麼好過嗎？我要忙的事有那麼多⋯⋯。媽，您就幫幫我好嗎？如果沒有您的話，我真的一個頭兩個大。」

結果，從媽媽那裡得到的回覆卻是這樣：

「被別人知道的話，還以為妳在做什麼偉大事業。大家都是這樣在過日子，妳以為全世界只有妳結婚，只有妳一個人帶過小孩嗎？我們那個年代還得侍奉父母，連弟弟妹妹們也要一起照顧。妳這樣還真可笑！」

女兒向母親訴苦，抱怨人生的艱難，母親則是一副冷嘲熱諷的態度，告訴女兒世界上不是只有妳一個人痛苦，要女兒別無病呻吟。其實不論是母親或女兒，兩人之中，已沒有誰更惡劣的問題，重要的是，對話裡的母女倆早已精疲力竭，沒有多餘的心力去同理對方。

學習同理對方，成為彼此的支持者

每個人都會認為自己的問題最重要、最痛苦，媽媽和女兒也不例外。然而，比起用利爪在彼此身上劃出傷痕後，期待對方回頭看一眼、關心幾分，不如去理解這些痛苦可能發生在任何人身上，並給予對方安慰和鼓勵，才是我們應該追求的母女關係。

我希望母親和女兒之間能夠成為彼此的支持者，彌補彼此的不足之處。事實上，我在面臨困難時，也可能會在一瞬間崩潰，顯得無比脆弱。然而，在這樣的困境中，我努力反省、努力保持平衡，我想這是一種特別的力量。仔細思考後，我發現這種力量似乎是我的母親所具備的代表性特點，她是那種即使走在陰暗森林小徑上也不害怕的人，因為她知道，遠處有人在呼喊她的名字，那個人就是她的母親。

這裡舉一個佳恩的例子，佳恩的母親是一位非常開朗，像太陽一樣溫暖又隨和的人，面對已經步入中年的佳恩，母親依然會用心地聽她說話，並給予鼓勵。我以為佳恩的母親應該擁有很好的學歷學識，但出乎意料地，佳恩的母親只有中學畢業，她在二十歲的時候結婚，與大自己十一歲的丈夫共同經營一家小餐館，就像我們這個世代的普通婦女一樣。看似維持著美滿家庭生活，人生一帆風順的佳恩媽媽，卻和佳恩的爸爸離婚了。佳恩告訴我，在她即將成年的高中時期，媽媽突然向佳恩兄妹倆丟出了一個震撼彈。

佳恩的母親宣布：「我想要改變我的人生，所以你們會暫時沒有媽媽，就算這樣，你們也要好好生活。」佳恩說，當時她聽到母親的話之後，說了一句：「媽媽不只是媽媽，媽媽也是『朴玉熙』。媽媽也該去過自己的人生了！」

那一瞬間，我真不敢相信我聽見的。我當時心想，不論是丟出震撼彈的佳恩媽媽，或是接受媽媽的話、為媽媽加油打氣的十八歲少女佳恩，都擁有超出一般人的勇氣。佳恩說她的父親非常重視自己在家中的權威，總是對比自己年幼的妻子頤指氣使，要求妻子服從他的要求，經常將自己懷才不遇的怒火發洩在佳恩媽媽身上。即便處在如此艱辛的環境，佳恩的母親依然笑口常開，扮演佳恩兄妹倆的精神支柱。

在求學時期，只要佳恩面臨考試或上臺報告等重大要事，內心緊張不已的時候，佳恩的母親總會擦上紅色的唇膏，用嘴唇在佳恩的臉上像蓋印章一樣地親吻她，那是母女倆之間互相約定，像是可以帶來好運的一種儀式。佳恩說，當時正值青春期的她，能夠理解母親疲憊的婚姻生活，當一直以來走在子女面前，維持相同步伐的母親，決定要脫離父親羽翼，找尋屬於自己的人生時，她也沒有任何阻攔地接受了一切。

「媽媽曾說過，希望自己和爸爸的婚姻生活能夠像一個非常大的樹蔭，讓小孩們能悠閒自在地住在裡面。但是有一天，她突然開始好奇樹蔭之外的陽光。我腦中出現媽媽少女的模樣，一個希望變成一隻美麗蝴蝶的少女。」

佳恩理解母親關於對於自我存在的苦惱。在我們冠上母親、女兒、媳婦、職場上班族等角色名稱，被介紹給其他人認識之前，我們首先是自己。就像角色裡的我過著某一種人生一樣，我個人所期盼的人生也以另一種樣貌存在著，而最幸福的事莫過於這兩者能夠達成一致。但遺憾的是，兩者不一的情況通常更普遍。所以，說不定我們活著的同時，也一邊在「身為個人的我」和「身為某個角色的我」之間做出妥協，而這兩者之間的差距，也成為一道關於自我存在的課題，只能等待每個人靠自己的力量解決。

美國精神科醫師，同時也是存在治療理論系統的創始人歐文．亞隆（Irvin D. Yalom），提出人類有「孤獨、無意義、死亡、自由」四大終極議題，根據這些議題，人類會各自發展出各式各樣的方法適應，或者以無法適應的狀態過完一生。

您更接近於哪一邊呢？想要成為能夠適應的人類，就得找出自己在這個世界裡的生存方式，像佳恩母女倆一樣，必須相信個人有能力改變自己的人生。另外，我們也必須要了解，認知自己做出選擇後所應負的責任，是一種能從自我存在議題中脫逃的方法，這不僅幫助我們不再逃避，並正視如影隨形、不斷帶來困擾的焦慮，同時也給予我們鼓勵，讓我們具備面對人生的勇氣。

依然認為母女關係模糊不清嗎？我們所需要的，是抱持「母女之交」的態度，也就是在適當的距離下，透過互相鼓勵與支持的方式來為對方加油打氣的關係。

心理學技巧——

人生的四大終極關懷

歐文．亞隆（Irvin D. Yalom），提出人生有四大終極關懷（ultimate concerns）：

1. **死亡：**世界上絕對不會改變的真理之一就是「人終究會死」。死亡會導致人類產生強烈的存在焦慮，有些人選擇逃避面對死亡，陷入無力感；有些人坦然地接受死亡的必然性，反而能從死亡的不安中獲得解脫。現代人在無法認知到死亡的狀態下，一味過度執著於金錢、工作、快樂，以「忘記存在的狀態」[2]度過一天又一天，這同時也是一種對於死亡的錯誤防禦。

2. **自由：**有人說，人生是從出生到死亡的一連串選擇。然而，人類卻一直無法擺脫選擇的不確定性所帶來的焦慮。我們應該要體認到，享有權利的同時，也必須履行相對的責任，這才是真正的自由。當無法清楚地認知到自己在人生中的責任，人們將會逃避責任、怪罪他人和環境，以及放棄選擇的自由。自由所伴隨而來的焦慮，能在人生應負的責任當中找到解答。

3. **孤獨：**我們尋求和他人的關係建立，其實根植於對於存在孤獨的恐懼感。歐文．亞隆將孤獨分為三種。

人際孤獨：也就是孤單本身，當你覺得自己很邊緣化的感覺。

內在孤獨：內在情感和需求受到壓抑，無法與自我達成統合。

存在孤獨：無論個人怎麼努力，都無法與他人產生連結，是一種根本性的距離。

倘若無論透過任何關係的建立，都無法消除孤獨的感受，那麼，藉由與他人分享自身的處境，則能夠減低內心的疏離感。

4. **無意義：**發現生命的意義，能夠成為自身存在的解答。專家們說過，對人生保持開放的態度，有助於找到生命意義。

在奧斯威辛集中營中度過一段艱辛歲月，後來成為意義治療創始人的維克多・法蘭克曾說過：「明白自己為何而活，就能忍受任何磨難」以及「人類唯一無法被奪走的一樣東西，就是在任何情況下都能決定自我態度的最終自由。」同時他認為，人類的本質在於發現和追求人生的意義。

2　德國哲學家馬丁・海德格對於人類的存在，提出一個著名的學說：「人向死而存有」。是指唯有人類認知到自己終將一死，才有可能重新反思生命的意義以及人生的規劃。

鍛鍊心智的祕訣——

坦誠分享生命中的喜悅與悲傷

為了不要成為太過情緒化或容易衝動的人，我們會告訴自己：「不要有太大的情緒波動」。但是，我總會有個疑問：「為什麼我們不能有情緒波動呢？因為過度的壓抑往往無濟於事，不是嗎？」

就像零乘以一等於零，無法在當下感覺到幸福，即使擁有再多的來日，結果也不會有任何改變。我們經常說，在父母還活著的時候應該盡孝道，而我所認為的孝道，就是和父母分享這種「喜悲情感」[3]的情緒。

「你現在的心情如何？」

「你現在的內心感受是什麼？」

「你還好嗎？」

「該怎麼做才好呢？」

「你想要我怎麼幫你呢？」

重要的是，確切地察覺感受到的情感之後，不做出評價或判斷，或是壓抑逃避，而是要好好地體會這些感覺，因為感受自己的情緒並不表示衝動。但是，無法控制情緒所帶來的思考和行為傾向，有時就會變成一種衝動，因為選擇在察覺情緒後做出何種行為，是個人的自由意志。總而言之，所謂的情感調節，是不具衝動性，同時也能自行選擇的行為，我們必須以選擇為前提，追求較「有意義」的事物。

「紅髮安妮」是我們耳熟能詳的人物之一。對我來說，我經常會想：紅髮安妮大概是最容易「分享喜悲情感」的人物吧？她是個對世界充滿讚嘆，善於表達自我的少女，總是在別人不以為意的地方發覺喜悅。

正向心理學大師芭芭拉．佛列德里克森（Barbara L. Fredrickson）認為正向情緒的核心原理之一，就是拓展個人的思想與行為清單，為內心及思維開啟一扇的大門；也就是說，個人所經歷的正向情緒，能幫助自己成為一個較具包容力、創造力的人。其中，正向情緒中，具代表性的有以下十種：喜悅、感激、平靜、興致、希望、自信、趣味、靈感、驚喜、愛。當一個人能在生活中反覆地體會這十種情緒，就能夠建立真正的正向情緒。因此，某一天我仔細思考，在日常生活中經常感受到這種正向情緒的代表人物，大概就是紅髮安妮吧！透過安妮這個角色，我們所需要學習的，就是成為一個充分感受和表達的人。

紅髮安妮第一次到綠色屋頂之家的那一天，經過了開滿白色花朵的蘋果樹大道，安妮覺得那條路非常美麗，所以向馬修叔叔詢問路的名字。聽到叔叔說那條路並沒有特定名字之後，安妮馬上為它取一個新的名稱「喜悅的銀色長廊」，整個人沉醉在其中。或許只要像安妮這樣，不去逃避身體所感受到的情感，充分地體驗並試著接納，說不定我們也能在千篇一律的日常生活中，體會到全新的情緒。

有人說，年長者與子女的情感凝聚力越強，對於生活的滿意度也會越高。情感凝聚力是指，我們在見面、打電話與信件之類的間接聯繫、家事、禮物、零用錢等等，這些為了維持關係所做的實踐中，體會到的信賴感、尊重、親密感、愛以及滿足感等正面的溫暖情感與親密度。也可以理解成，我們「感受到了什麼」以及「做了哪些行為和表現來觸動情感」。

從現在開始，比起因為抓不住流逝的時間而惋惜、悲痛，不如像「現在」、「此地」、「這一瞬間」深刻體會到的一樣，多試著表達，您覺得如何呢？

坦誠地分享生命中的喜悅與悲傷吧！誰都不能保證明天會發生什麼事。把今天的小小喜悅存起來，在未來一口氣揮霍個痛快，究竟有什麼意義？把今天應該要給予他人的小小安慰壓抑住，在未來一次給予大大的安慰，這樣對方就不會感到難過了嗎？

我們的情感稍縱即逝，無時無刻都在變化，今天的此時此刻所感受到的，難道不是真實而珍貴的嗎？所以，不要壓抑自己的情緒，充分感受每個時刻自己情緒上的變化，並適時表達出來吧！

3 「喜悲情感」是指在小事情上，情緒的感受與起伏太過劇烈，上一秒還處於高興的情緒，下一秒馬上轉為悲傷。

後記

由衷地感謝願意讀到這裡的所有讀者們。雖然寫完書之後仍覺得有不足之處，但想告訴讀者的是，書裡的一字一句，都承載著寫作當下的感受與思緒，不能說讀完這本書，媽媽和女兒之間就會出現戲劇性的變化，突然在某一天變成無話不談的好閨蜜。儘管如此，也想鼓勵大家，確實地掌握書中提供及介紹的各種方法，將某些部分應用在生活中，試著去實踐。

在寫書的過程中，我也同樣必須不斷地反省、後悔，有時也會發現時至今日依然埋藏在心中的失落和埋怨。即便如此，在這麼長的時間裡，能夠只想著母親，一邊寫出這本書，我心中無比感激。每當回想起一個又一個，從前那些和母親之間被遺忘的小故事，就像在金銀島上發現寶藏一樣，令我欣喜。

我是個覺得比起兩個弟弟，自己並沒有從媽媽身上獲得足夠母愛的女兒，也經常為此傷心不已。但是周遭的人並不這麼認為，他們總會說從小到大那個女孩的媽媽最疼她。在關係中，為了解開纏繞成一團的線，我們必須緊抓著線不放才行！如果能夠好好地回想起那些記不起來的記憶，以及刻意從記憶中排除的部分，或許創造出母女間的親密感，能夠一直維持下去。

我曾經去前公司某一位女前輩母親的靈堂弔唁，在靈堂時，她說了這麼一段話。

「雖然已經做好了心理準備，但我還不知道該怎麼撐過接下來的每個秋天，應該只要一看到泡菜就會想起媽媽吧！」

在那之後，我只要看到母親醃漬的泡菜，就會想起那一天，心裡的某個角落也隱隱作痛。

媽媽和女兒同為女人，一起度過那麼長的時間，也共同分享許多事物，比起眼淚和悔恨的情感，我更希望母女關係裡能蘊含更多喜悅和平靜。

《生命不能承受之輕》的作者米蘭．昆德拉，在書裡提到：「愛誕生於一則隱喻」，作者形容書中主角特麗莎的愛情，是用這樣的比喻：「她就像一個被裝在塗覆松脂的籃子裡，順著水流漂到我枕邊的孩子」。這段話呈現出不同於一般男女之間的特殊關係。對於各位來說，您又有著什麼樣的隱喻呢？這些隱喻將會作為證明，反映出您的母女關係。

媽媽不遵循古法打出來的排毒果汁，只專屬於我，我是唯一的客人。

三個兄弟姊妹如彩虹般五顏六色的針織線衫，蘊含著母親的每個冬季。

託了許多人的福，這本書才能順利出版。尤其，絕對不能遺漏掉的是，願意鼓起勇氣接受訪談，充滿真摯情感的媽媽和女兒們。訪談過程中，在這些女性們身上，能發現細微的共通點。也就是不同於女兒輕鬆、毫無保留地說出和母親的故事；媽媽們卻不太多說關於成年女兒的事蹟，只是盡可能地說好話，不論分享了什麼故事，最後一定會加上一句「我的女兒真的很善良」當作結尾。這或許就是母親的心意吧。

在此，我想借我的母親之名，代替世界上所有的女兒轉達：

「感謝生我、養我、願意和我一起度過人生下半場的母親，盧玉順女士！還有，我愛您！」

「媽媽」，是每個人誕生在這個世界上，最先說出口的兩個字。

願這本書能夠成為鬆軟的棉被，輕輕地擁抱著世上所有媽媽和女兒的感性。

HEART
心|視野　心視野系列 129

我和媽媽疏離中

나는 엄마와 거리를 두는 중입니다

作　　　者　孫廷洸
譯　　　者　劉玉玲
封 面 設 計　鄭婷之
內 文 排 版　許貴華
行 銷 企 劃　蔡雨庭・黃安汝
出版一部總編輯　紀欣怡

出　版　者　采實文化事業股份有限公司
業 務 發 行　張世明・林踏欣・林坤蓉・王貞玉
國 際 版 權　施維真・王盈潔
印 務 採 購　曾玉霞
會 計 行 政　李韶婉・許俽瑀・張婕莛
法 律 顧 問　第一國際法律事務所　余淑杏律師
電 子 信 箱　acme@acmebook.com.tw
采 實 官 網　www.acmebook.com.tw
采 實 臉 書　www.facebook.com/acmebook01

I S B N　978-626-349-454-1
定　　　價　350元
初 版 一 刷　2023年11月
劃 撥 帳 號　50148859
劃 撥 戶 名　采實文化事業股份有限公司
104台北市中山區南京東路二段95號9樓
電話：(02)2511-9798
傳真：(02)2571-3298

國家圖書館出版品預行編目資料

我和媽媽疏離中 / 孫廷洸著 ; 劉玉玲譯 . -- 初版 . -- 臺北市 : 采實文化事業股份有限公司 , 2023.11
224 面 ; 14.8×21 公分 . -- (心視野系列 ; 129)
譯自 : 나는 엄마와 거리를 두는 중입니다
ISBN 978-626-349-454-1(平裝)
1.CST: 母親 2.CST: 家庭關係 3.CST: 親子關係 4.CST: 家庭心理學

177.31　　112015767

采實出版集團
ACME PUBLISHING GROUP